리더의
덕목

HUMBLE LEADERSHIP

Copyright ⓒ 2023 by Edgar H. Schein, Peter A. Schein

All rights reserved.

Korean translation copyright ⓒ 2025 by Prunsoop Publishing Co., Ltd.

Korean translation rights arranged with Berrett-Koehler Publishers through EYA Co., Ltd

이 책의 한국어판 저작권은 EAY Co., Ltd(Eric Yang Agency)를 통해 Berrett-Koehler Publishers와 독점 계약한 (주)도서출판 푸른숲이 소유합니다. 저작권법에 의하여 한국 내에서 보호를 받는 저작물이므로 무단 전재 및 복제를 금합니다.

리더의 덕목

존경받는 리더는 무엇이 다른가

에드거 샤인·피터 샤인 지음 | 노승영 옮김

일러두기
- 본문의 각주와 옮긴이 주는 따로 표기했다.
- 본문에서 언급한 매체 중 국내 출간·소개된 경우 번역된 제목을 따랐고, 국내에 소개되지 않은 매체는 원어 제목을 우리말로 옮기고 원제를 병기했다.
- 본문 내 사례 중 일부를 제외한 나머지 기업명과 이름은 가명으로 표기했다.
- 본문에서 강조된 부분은 모두 원서에 이탤릭체로 표기된 부분이다.
- 인명 및 도시명 등은 국립국어원 외래어표기법을 따랐다.

미래 세대에게

상황이 더욱 엄중해졌다. 물론 이 책의 초판을 썼을 때에도 우리는 지구온난화로 인해 무슨 일이 일어나고 있는지 많은 걸 알고 있었다. 하지만 그 뒤로 걱정할 것이 훨씬 많아졌다. 우리의 손주와 그들의 손주를 위해 지구를 건강하게 만들려는 집단적 노력에 《리더의 덕목》이 이바지할 수 있길 바라며, 우리의 연약한 기후를 보호해야 할 실존적 과업을 자임한 지도자들에게 이 책을 바친다.

추천의 말

리더의 덕목은 자신이 모르는 것을
어떻게 다루는가에 달려 있다

김호(리더십·조직 커뮤니케이션 코치, 목수, 《왓두유원트》 저자)

직언은 하는 것이 아니라 끌어내는 것이다

"직언은 하는 것이 아니다."

내가 종종 리더십 워크숍에서 기업 임원들에게 하는 말이다. 이때 드는 예시가 있다. 보잉에서 40년 가까이 성공 가도를 달리던 앨런 멀럴리Alan Mulally가 포드 자동차 CEO로 취임한 2006년, 회사는 약 20조 원의 손실을 예상한 파산 직전 상태였다. 하지만 2014년 그가 포드를 떠날 때 남긴 이익은 10조 원에 달했고, 당시 미국 3대 자동차 메이커 중 포드만 유일하게 정부의 구제금융지원을 받지 않고 회생에 성공했다.

멀럴리의 유명한 경영 도구 중 하나는 매주 목요일 오전 7시에 최고위 임원과 진행한 사업계획검토Business Plan Review 회의였다.[1]

그는 사업의 전체 상황을 한눈에 알아볼 수 있도록 각 임원별로 진행하고 있는 주요 프로젝트를 세 가지 색깔로 표시하도록 했다. 녹색은 아무 문제없이 잘 진행되고 있다, 노란색은 문제가 있지만 해결책을 찾아서 작업 중이다, 그리고 빨간색은 문제가 있으나 아직 해결책을 찾지 못했다는 뜻이었다. 20조 원 손실을 앞둔 상태에서 포드의 임원들은 신임 CEO였던 그에게 백여 개의 프로젝트에 대한 보고에 모두 녹색 표시를 했다. 혹시라도 자신의 자리가 날아갈 것에 대한 두려움 때문이었다.

멀럴리는 인내심을 갖고 기다렸다. 몇 주가 지나자 북미시장 총괄임원이 처음으로 회의에서 빨간 불을 켰다. 신차 출시가 연기될 수도 있는 심각한 문제에 대한 해결책을 아직 찾지 못했다는 뜻이었다. 모든 임원들은 긴장하며 눈치만 보고 있었다. 이때 멀럴리는 어떻게 반응했을까? 그는 갑자기 박수를 치기 시작했다. 당시 일부 임원들은 그 박수를 해고의 신호로 오해했을 것이라고 멀럴리는 2011년 스탠퍼드 경영대학원 강연에서 웃으며 회고했다.

1   2011년 2월 3일, 앨런 멀럴리는 미국 스탠퍼드 경영대학원의 'View From The Top' 시리즈의 연사로 나서 그가 어떻게 파산 직전의 포드사를 회생시켰는지 자세하게 설명했다. 그의 유명한 주간 사업계획검토 회의 일화도 언급했다. 그는 이 회의를 가정에서도 매주 진행했다고 말했다. 이에 대한 관련 기사와 전체 영상은 다음 링크에서 확인할 수 있다: "Ford is adding jobs, expanding says CEO Alan Mulally (by Michele Chandler, 2011. 2. 1. Stanford Graduate School of Business). http://stanford.io/1uCnXfz

이는 감사의 박수였다. 멀럴리는 그에게 용기내어 문제를 솔직하게 드러내줘서 고맙다고 말했다. 더 중요한 것은 그 다음이었다. 그는 "신속하게 해결하라"는 뻔한 지시를 내리지 않았다. 대신 그 자리에 있던 모든 임원을 보며 '겸손한 질문'을 던졌다. 여기에 있는 임원 모두는 자동차 업계에서 잔뼈가 굵은 전문가니, 동료가 겪고 있는 문제에 대해 조언과 도움을 줄 수 있는지 물은 것이다. 어리둥절한 모습으로 서로를 쳐다보던 임원들 중 한 사람이 말했다. 실은 자신도 몇 년 전에 비슷한 문제를 경험했으며 어떻게 해결했는지, 그리고 당시 해결한 팀을 즉각 파견해서 돕겠다고 했다. 그렇게 문제를 해결할 시작점을 불과 몇 분 만에 찾을 수 있었다. 그날 문제를 고백했던 북미시장 담당 임원은 얼마 후, 그 프로젝트 상태를 빨간색에서 노란색, 그리고 녹색으로 바꿀 수 있었다.

이는 멀럴리가 《리더의 덕목》의 원제이기도 한 '겸손한 리더십humble leadership'을 실천했기에 가능한 일이었다. 그리고 이 '고백의 주인공'은 마크 필즈Mark Fields로, 그는 멀럴리의 후임으로 2014년에 포드의 CEO가 됐다.

더 크고 놀라운 변화는 멀럴리의 재임 중에 일어났다. 신임 CEO에게 문제를 있는 그대로 보고해도 괜찮다는 '심리적 안전감psychological safety'이 생겨나자 모두 녹색이었던 백여 개의 프로젝트에서 점차 노란색, 빨간색이 늘어나면서 '총천연색'으로 변한 것이다. 그제야 멀럴리는 예상대로 회사에 문제가 많음을 알았다. 물론 걱정도 됐지만, 어디에 어떤 문제가 있는지 좀 더 명확히 알 수 있었을 뿐만 아니라, 임원들이 서로 문제를 공유하고 도움을 주고받는 팀으로 변할 수 있겠다는 희망을 보게 되면서 미국 경영 역사에 남을 변화와 회생을 시작했다. 2014년, 경영 잡지 〈포춘〉은 전 세계 최고의 리더 50명을 꼽았는데, 프란치스코 교황, 당시 독일 총리였던 앙겔라 메르켈에 이어 3위로 멀럴리를 꼽았다. 4위는 워런 버핏이었다.

'겸손한 질문'을 통해 '겸손한 리더십'을 실천해 포드를 회생시킨 멀럴리의 사례를 들 때면 나는 이렇게 말한다. "직언은 구성원이 상사에게 하는 게 아닙니다. 직언은 상사가 구성원들로부터 이끌어내는 것입니다."

여러분이 읽고 있는 《리더의 덕목》이 어떻게 이를 이끌어낼 수 있을지 풍부한 사례를 통해 알려줄 것이다.

문제와 답은 모두 관계에 있다

"문제는 관계야, 바보야! It's about relationship, stupid!"

2016년 초, 87세였던 에드거 샤인은 구글을 세 번째 방문해

당시 구글 인사 담당 임원이었던 카렌 메이 Karen May와 '겸손한 리더십'을 주제로 대담하던 중 이렇게 이야기했다. 이 책 서문에도 리더십을 관계의 관점에서 바라볼 것을 제안하고 있다. 무슨 뜻일까?

이 글을 쓰고 있을 때 삼성전자의 주가는 1년 전 대비 25퍼센트 이상 떨어진 상태였다. 2024년 하반기, 삼성전자 디바이스 솔루션 전영현 부회장은 사내 구성원에게 보낸 메시지에서 반도체 경쟁력 약화의 원인을 소통의 부재로 꼽았다. 기사에 따르면[2] "문제를 숨기거나 회피하고, 희망치와 의지만 반영된 비현실적인 계획을 보고하는 문화가 커졌다"며 "직급과 직책에 관계없이 안 되는 것은 안 된다고 인정하고 도전할 것은 도전해야 한다. 투명하게 드러내서 소통하는 반도체 고유의 치열한 토론 문화를 재건해야 할 것"이라고 적었다.

아이디어나 기술 부재 이전에 소통 부재를 문제의 핵심으로 꼽은 것이다. 함께 곰곰이 생각해보자. 우리 조직의 핵심 문제는 과연 아이디어 부재일지, 아니면 아이디어가 있어도 말하기 힘든 분위기가 문제일지. 의사결정을 잘 못하는 조직을 자세히 들여다

---

2   "삼성 반도체 토론 문화 돌아올까… 전영현, 임원 소집 연속 회의", 조선닷컴, 이해인 기자, 2024.11.4.

보면 조직 내부에 정보가 없어서라기보다 이를 나눌 수 있는 상태가 아니어서 그런 경우가 많다. 전 부회장의 지적처럼 조직 내부에 사업이나 기술 개발 방향 등에 대해 더 나은 지식과 아이디어가 없었던 게 아니라 있어도 이를 투명하게 드러내고 치열하게 토론하기 힘들었던 게 문제의 핵심 아니었을까?

에드거 샤인이 "문제는 관계야"라고 말한 것은 조직 구성원들이 이미 갖고 있는 의견이나 아이디어를 말하기 힘든 '관계의 상태'가 바로 리더십 문제의 핵심이라는 뜻이다. 이 문제의 극복 방법으로 겸손한 성격이 아닌 '상황적 겸손함'의 표현이 왜 중요하며, 다양한 상황 속에서 리더들이 상황적 겸손함을 어떻게 실천했고 결과는 어땠는지 이 책에서 보여주고 있다.

'옳은 말'은 그만하고 '먹히는 방식'을 고민하자

소통 부재, 치열한 토론 문화 재건 등은 모두 '옳은 진단'이자 '옳은 소리'일 수 있다. 여기서부터 샤인의 통찰은 더욱 중요한 역할을 한다. 많은 리더가 '~해야 한다'로 끝나는 문장을 구성원들에게 나열한다. 그리고 변화가 없으면 구성원 탓을 한다. "여러분 상사에게도 직언해야 합니다", "치열하게 토론해야 합니다"라고 말한다고 해서 조직문화가 바뀔까? 이렇게 명령을 내리는 상당수의 리더는 조직문화를 바꿔야 한다는 것은 알지만, '어떻게' 바꿔야 할지 모르고 있다. '옳은 말'은 누구나 할 수 있다. 그보다는 무엇이 '먹히는 방식'일지 고민해야 하지 않을까?

구글 대담에서 메이가 마지막으로 해주고 싶은 말이 있는지 샤인에게 물었다. 그는 잠시 침묵하더니 어떤 경험 앞에서 바로 판단하기보다 "지금 여기에서 내가 모를 수도 있는 무언가가 어떻게 벌어지고 있는 것일까?What else is going on?"라고 되물어보라고 했다.

샤인이 말하는 '기술문화(사업 전략 방향이나 프로젝트 설계 등)'와 '사회문화(관계와 소통 패턴)'에서 많은 리더는 기술문화에 치중하게 되는데, 이는 회의를 관찰해보면 금방 알 수 있다. 여러분이 참여하는 회의 중 프로젝트 과제나 사업 전략이 아닌 팀 구성원 사이의 관계와 소통에 대한 논의가 최근 3개월 사이에 얼마나 있었는지 생각해보자. 나는 이 질문을 자주 던지는데, 내 경험에 따르면 이러한 논의는 거의 제로에 가깝다. 보통 연간 워크숍에서 '서로 소통을 더 잘합시다!'라고 외치는 것이 전부인 경우가 의외로 많다. 이 조직에는 의도intention는 있지만 행동action은 없다.

샤인은 '업무량'의 20~25퍼센트를 '사회문화'에 할애할 것을 권한다. 하지만 나는 우선 전체 업무량이 아닌 정기적인 '회의 시간(주간, 월간, 분기 등)' 중 20퍼센트만이라도 소통과 관계를 통해 더 나은 파트너십을 만들어내는 데 쓸 것을 제안한다. 한 시간 동안 회의를 진행한다면 20퍼센트는 12분에 해당한다. 숫자가 아닌 사람과 사람 사이의 상호작용과 도움을 주고받는 방식에 대해 성찰하는 시간을 정기적으로 갖자는 것이다.

멀럴리는 "문제를 공유하라"는 '뻔한' 지시를 내리지 않았다. 그는 임원 사이에 문제를 공유하고 서로 도울 수 있는 '관계적 상황'을 만드는 것에 집중했다. 문제점을 투명하게 보고한 사람을 대하는 방식, 그리고 그 임원과 나머지 다른 임원에게 '겸손한 질문'을 던지는 방식을 통해 서로 도울 수 있는 '분위기'를 만들었고, 이는 서로가 협력하는 관계의 변화로 이어졌다. 멀럴리는 경영에서 특히 '사회문화'적인 관점에 신경을 썼는데, 그의 독특한 경영 운영시스템의 이름이 '함께 일하기Working Together'[3]인 것은 결코 우연이 아니다.

나는 그들을 '기능'으로 보고 있을까?
아니면 '사람'으로 보고 있을까?

샤인은 구글 대담에서 리더의 '마음챙김mindfulness'의 중요성

---

[3] 이에 대해 더 알고 싶다면 앨런 멀렐리가 아담 위티Adam Witty와 함께 쓴 《Relentless Implementation》(ForbesBooks, Charleston, South Carolina, 2019)를 참고하기 바란다.

을 이야기했는데, 이는 단지 명상하라는 말이 아니다. 판단을 멈추고 지금 벌어지고 있는 상황에서 내가 모르는 것이 무엇인지 묻는 상황적 인지, 즉 상황적 겸손을 실천하라는 것이었다. 높은 불확실성이 가장 '확실한' 트렌드인 시대에 혼자서 모든 정답을 알 수 없으며 협력 없이 모든 문제를 해결할 수도 없다.

《리더의 덕목》에는 'personization(이 책에서는 '인간미 불어넣기'로 번역됐다)'이라는 개념이 등장하는데 사전에 검색해도 나오지 않는다. 이는 샤인이 만든 개념으로 상대방을 인사, 재무, 영업 등 '기능^{function}'으로 이해하는 1단계(업무적) 관계가 아닌 한 사람의 '온전한 인간$^{whole\ person}$'으로 바라보는 2단계(전인적) 관계의 형성을 말한다. 기업 현장에 가보면 함께 일한 지 몇 년이 됐어도 서로가 어떤 '역할'을 하고 '기능'을 하는지에 대해서만 관심을 갖지, 각자가 고민과 희망이 있는 한 '인간'이라는 생각은 해본 적이 없다는 것을 깨닫는 경우가 자주 있다. 나 역시 샤인의 연구를 접하기 전에는 일터에서 그런 시각을 갖고 일했고 심지어 그래야 한다고 생각했다.

인공지능의 시대, 점차 혼자서 할 수 있는 일이 많아지는 동시에 서로 다른 전문가의 협력이 어느 때보다 필요한 지금 '겸손한 리더십'의 실천이 필요하다고 생각한다면 자신이 '전인적 관계'를 만드는 데 시간과 에너지를 얼마나 투자('20퍼센트!')하고 있는지 돌아보자. 그 바탕에서 겸손한 리더십을 발휘할 수 있기 때문이다. 다시 한 번 샤인의 말을 외쳐보자. "문제는 관계야, 바보야!"

리더의 덕목은 공식과 도식이 아닌 현장에 있다

《리더의 덕목》에서 '겸손'은 가장 중요하면서도 오해를 많이 받는 키워드이기도 하다. 이는 성격이 겸손해야 한다는 것이 아니라 혼자서 모든 것을 할 수 없다는 신호를 먼저 표현[4]해야 한다는 뜻이다. 이런 의미에서 샤인은 '상황적 겸손' 혹은 '지금 여기에서의 겸손Here-and-Now-Humility'이라는 용어를 종종 사용했다.

또 한 가지 기억할 것은 자신의 리더십 스타일이 카리스마형이든 서번트 리더십이든 무엇이든 간에, 겸손한 리더십은 그런 여러 가지 특질 중심의 분류 중 한 가지가 아닌 이를 '실천할 때 필요한' 형태를 말한다. 자신이 추구하는 리더십 스타일이 무엇이든 상황적 겸손을 실천하지 않는다면 구성원들은 자신이 현장에서 보고 생각한 것들을 보고하기 힘들어진다. 치열한 토론이든 직언이든 '심리적 안전감'(최근 이 개념을 대중화시킨 하버드 경영대학원의

---

[4] 이런 차원에서 '표현된 겸손함expressed humility'이라는 용어를 쓰기도 한다.

에이미 에드먼슨은 한 리뷰 논문[5]에서 이 개념의 기초를 에드거 샤인과 리더십 연구자인 워렌 베니스의 1960년대 연구에서 찾을 수 있다고 말했다) 없이는 불가능하며, 이러한 안전감은 겸손한 질문을 통해 서로 돕는 관계mutual helping relationship를 만들 때 가능하다.

국내에 소개된 에드거 샤인의 《리더의 돕는 법》이 인간관계의 역학을 보여준 책이고 《리더의 질문법》이 도움을 실천하기 위한 겸손한 질문을 상세히 설명한 책이라면, 《리더의 덕목》은 기업과 정부는 물론 병원과 군대에 이르기까지 다양한 조직에서 겸손한 리더십이 어떤 모습으로 실천되는지 사례를 통해 보여준다.

샤인은 구글 대담 질의 응답 시간에 우리가 흔히 볼 수 있는 '리더십의 몇 단계 모형' 등과 같이 리더십을 공식화하는 것을 경계하라고 말했다. 그보다는 훌륭한 리더십을 실천한 사례를 접하고 거기서 자신이 뭘 배울 수 있는지, 그리고 뭘 할 수 있는지 생각해보라고 제안했다. 그래서일까? 이 책은 기본적인 표나 도형 몇 개를 빼고는 모두 이야기로 채워져 있다. 리더십 공식이 아닌 샤인이 평생 현장에서 수집한 리더십 이야기를 읽으며, 당장 실천할 수

---

[5] "Psychological Safety: The History, Renaissance, and Future of an Interpersonal Construct" (by Amy C. Edmonson and Zhike Lei, The Annual Review of Organizational Psychology and Organizational Behavior, 2014, 1: 23-43)

있는 '상황적 겸손'이 무엇일지 호기심을 갖고 함께 찾아보자.

인공지능의 시대에서 리더의 덕목은 무엇을 더 많이 아는 것과는 이미 한참 멀어져버렸다. 앞으로는 자신이 모르는 것을 어떻게 다루는가에 리더의 자질과 덕목이 달려 있다. 이 책은 그 실천 방법과 사례를 우리에게 친절하게 들려준다.

머리말

성공적인 리더십의 비밀은 관계에 있다

지금 개인주의적이고 투쟁적인 경영 방식의 도가니에 빠져 있는가? 이런 환경에서 위대한 리더십은 남다르고 영웅적인 일을 해내는 '슈퍼스타'의 이야기로 전락하기 쉽다. 리더십을 '7단계' 운운하는 자기계발서처럼 도식적으로 이해하는 것이 아니라 새롭고 더 나은 것을 성취하겠노라 다짐한 집단 구성원들 사이에서 공유되는 에너지로 여기면 유익하지 않을까?

이 책은 리더십을 관계의 관점에서 바라볼 것을 제안한다. 리더십은 개인과 개인이 역동적으로 교류하면서(이것은 오늘날 조직의 특징이 되어가고 있다) 새롭고 더 나은 행동을 학습하고 공유하며 지도하는 과정이라고 할 수 있다. 이런 리더십 과정은 팀이나 업무 집단을 망라하는 모든 수준에서, 폐쇄·개방적인 네트워크를 포함하는 모든 모임에서, 한 공간에 있는 업무 단위나 두루 분산된 업무 단위는 물론 온갖 문화적 경계를 가로질러 이뤄진다. 지명되거나 선출된 리더가 아닌 집단 구성원들이 그에 못지않은 리더십을 발휘할 수도 있다. 시장과 사회의 급속한 변화에 대응하는 과정에서 예측을 뛰어넘는 리더십이 요구되기도 한다.

리더십은 언제나 **관계**이며 진정으로 성공적인 리더십은 높은 개방성과 신뢰를 바탕으로 무럭무럭 자라난다. 이 책은 새로운 리더십 모델에 초점을 맞추고 있지만 한편으로 문화와 집단역학에 대한 책이기도 하다.

제2판에 대해

이번에 출간된 제2판은 혁신과 성장이 (뒤에서 설명할) 관계의 3단계 중 2단계인 전인적 관계에 좌우된다는 초판(2018년)의 핵심 전제를 기초로 삼는다(2장을 보자). 우리가 '겸손한 리더십'이라고 부르는 개념이 만들어내는 관계의 특징은 바로 개방성과 신뢰다. 겸손한 리더십이 성공을 거두려면 관계를 통해 정보와 아이디어를 최선의 방식으로 공유해야 한다. 그래야 새롭고 더 나은 해법을 모색할 수 있다. 올바른 결정을 내리고 오류를 피하려면 **상황적 겸손**(상황의 모든 요소를 눈여겨보고 이해하려는 열린 태도를 뜻한다. 자세한 내용은 41쪽을 참고하라-옮긴이)이 필수적이므로 우리는 겸손함의 기존 개념을 넓혀야 한다. 또한 리더십과 문화를 특정 어휘와 연결하는 긴요한 관계를 확장해 구체적 변화 원칙을 따르고 목표를 실천함으로써 겸손한 리더십이 '문화적 문제'를 넘어서게 한다.

누가 읽어야 할까?

이 책은 조직을 변화시키려는 동기, 포부, 융통성을 갖춘 모든 관리자와 리더를 위해 썼다. 겸손한 리더십은 기업에 필수적일 뿐만 아니라 의료계, 예술계, 정계, 비영리 단체, 스포츠 팀, 지역 공동체 조직 등 그 밖의 사회 영역에도 유익하다. 사실 우리가 겸손한 리더십 모델의 원형을 보게 되는 것은 이런 영역에서다.

겸손한 리더십 모델은 리더를 위한 것이지만 공식적 리더 역할을 맡은 사람만을 위한 것은 아니다. 우리는 조직의 모든 위치와 계층에 리더십이 존재한다고 가정한다. 우리가 생각하는 리더십은 위계질서 내에 존재하는 2차원적 하향식 명령 체계도 아니고 '커다란 잠재력'을 지닌 개인의 비범한 재능도 아니다. 관계들이 복잡하게 어우러진 모자이크다. 앞으로 나올 내용에서 분명히 보겠지만 우리가 제시하는 조직상은 '매끄럽게 기름칠한 기계'라는 구닥다리 관념에 기초한 체계가 아니라 협력적 '신경계'에 의해 조율되는 적응적 유기체다. 게다가 인간에 대한 이해는 초판을 쓴 이후로 계속 발전했다. 이제는 인간 체계를 기계에 빗대는 것이 애초에 옳았는지 그 의문이 더욱 커졌다.

겸손한 리더십은 역할에 대한 규정을 뛰어넘어 새롭고 협력적인 관계를 의미한다. 겸손한 리더십의 원칙은 인적 자원 및 조직 개발 부문의 리더에게만 해당하는 것이 아니다. 제품 관리자, 재무·운영 담당자, CFO, 이사회, 투자자, 의사, 변호사를 비롯해 이른바 조력 업무에 종사하는 사람들에게도 똑같이 적용된다. 우리는 개인적으로든 직업적으로든 모든 부문의 독자를 만나길 희망하며, 그들이 개방적이고 서로를 신뢰하며 정보를 공유하는 관계를 최적의 방식으로 설계했을 때 거둘 수 있는 성과를 보게 되길 바란다. 이런 관계에서 최선의 결과를 내는 방법은 고정된 역할에 기반해 설계된 조직에 새로운 생명력과 활력을 불어넣어 구성원들이 최상의 **협업**을 통해 실적을 내도록 의욕을 지피는 것이다.

이 책에서 얻을 수 있는 것

리더십 조언을 담은 책(이미 훌륭한 책이 많이 있다)은 필수적 기술, 성공 공식, 바람직한 특질 등을 나열하면서 이것을 습득하면 최고의 자리에 오르고, 근사한 물건을 발명하고, 세상을 바꿀 수 있다고 말한다. 하지만 영웅과 '창조적 파괴'에 초점을 맞추면 안 된다. 그들의 개인적 가치와 이상이 당시에는 옳았을지라도 우리의 현재와 맞닥뜨릴 미래의 대변동에 대처하는 데는 전혀 쓸모없을지도 모르기 때문이다.

우리는 리더십 기술의 향상이라는 개인적 과제를 재구성해 집단의 성과 향상을 뒷받침하는 집단적 과제로 탈바꿈시킬 것을 제안한다. 이 책은 당신의 부담을 덜어줄 것이다. 모든 일을 혼자서 할 필요는 없다. 그건 애초에 불가능하다. 개인 차원에서 어떻게 문제를 해결할지 궁리하면서 업무에 착수하는 게 아니라 파트너, 집단, 크고 작은 팀과 함께 해결하겠다는 마음가짐으로 시작한다면 어떨까? 당신의 임무는 혼자서 세상을 변화시키는 것이 아니다. 당신이 속한 집단과 협력해 문제를 파악한 다음 그 문제를 해결할 절차를 찾아내도록 학습 환경을 조성하는 것이다. 이 책을 통해 당신이 새로운 질문 방법과 학습 방법을 배우길 바란다. 또한 《리더의 덕목》에 소개된 사람들의 변화와 성장에 일조한 사례에서 영감을 얻길 희망한다.

이 책의 구성

1장과 2장에서는 겸손한 리더십의 개념과 그 토대가 되는 관계 이론을 서술한다. 3장과 4장에는 실례를 담았고 5장에서는 집단역학에 주목한다. 6장에서는 문화에 초점을 맞추는데, 겸손한 리더는 여기서 제시하는 기법을 활용해 조직 내의 까다로운 '문화적 문제'를 작은 단위로 쪼개 해결해갈 수 있다. 7장에서는 우리 눈앞에서 국경을 초월해 소통하고 협력하는 방식이 변화하고 있는 현실에서 겸손한 리더십이 향후 어떤 역할을 하게 될지 논의한다. 8장에서는 지금까지 설명한 내용을 종합해 조직성장과 (겸손한 리더십이 저항해야 하는) 관료화에 대한 우화를 들려준다. 마지막으로 9장과 10장에서는 후속 단계를 제시한다. 여기에는 불확실한 세상에서 변동성, 복잡성, 모호성에 대처하는 데 겸손한 리더십이 어떤 도움을 주는지 개인과 집단이 통찰을 얻고 주목할 수 있도록 하는 연습이 포함된다.

에드거 H. 샤인, 피터 A. 샤인

덧붙임.

2022년 12월에 에드와 피터가 함께 이 책을 완성했다. 에드는 귀 기울이고, 배우고, 쓰고, 가르치고, 돕는 생산적인 삶을 살다가 2023년 1월 말, 94세의 나이로 세상을 떠났다.

차례

추천의 말 리더의 덕목은 자신이 모르는 것을
어떻게 다루는가에 달려 있다 7
머리말 성공적인 리더십의 비밀은 관계에 있다 19

1부 리더의 덕목 1
― 상황적 겸손과 관계 맺기

1장 모든 문제를 해결할 새로운 리더십 33

모든 리더십의 기반인 겸손한 리더십 34 | 새롭고 더 나은 것을 찾는 실천 35 | 체계와 관계의 균형 맞추기 36 | 겸손한 리더십과 상황적 겸손 40 | 기존 문화와 새로운 문화를 융합하는 리더십 43

2장 심리적 안전감을 위한 관계 맺기 49

관계란 무엇인가? 50 | 관계의 네 가지 단계 51 | 관계 단계의 지표 감정 71

2부 리더의 덕목 2
― 사례로 보는 겸손한 리더십

3장 조직설립에 가장 필요한 겸손한 리더십 79

사례 1: 싱가포르를 도시국가로 만든 리콴유 80 | 사례 2: 관계는 언제든지 퇴행할 수 있다 86 | 사례 3: 병원을 2단계 관계 문화로 바꾼 겸손한 리더십 92

4장 인식을 바꾸고 조직을 변혁하는 겸손한 리더십 103

사례 1: 위계질서를 타파한 해군 함장 104 | 사례 2: 공동 책임으로 구축한 공감과 2단계 관계 문화 113 | 사례 3: 조직의 이미지와 문화를 바꾸는 리더십 117

5장 겸손한 리더십과 집단역학 129

집단의 상호작용과 경험 학습이 만드는 변화 130 | 사례 1: 부서 간 협력을 이끌어내는 관찰 134 | 사례 2: 원칙과 절차보다 중요한 것 136 | 사례 3: 업무를 개선하는 겸손한 질문 140 | 사례 4: 기술 개선과 관계 맺기의 시너지 143

3부   리더의 덕목 3
─ 겸손한 리더십이 만드는 문화와 미래

6장   **겸손한 리더십과 문화역학** 149

조직문화는 공유되고 축적된 학습의 산물이다 150 | 문화의 구조와 조직이 추구하는 가치 152 | 구조와 실천 사이에서 발생하는 간극 155 | 조직문화가 변하고 스며드는 방식 159 | 사례 1: 조직문화의 퇴행을 야기하는 관계의 불균형 163 | 사례 2: 의도치 않은 결과를 만든 투명성 170 | 겸손한 리더십의 과제 176

7장   **겸손한 리더가 내다봐야 하는 미래문화** 181

겸손한 리더가 유념해야 하는 여섯 가지 183

8장   **겸손한 리더십이 해결해야 하는 과제** 199

조직 내 반감과 불신을 공감으로 전환하는 방법 202

4부   리더의 덕목 4
— 관계에 인간미 불어넣기

9장   겸손한 리더십 발휘에 필요한 것 213

연습 1: 마음챙김 성찰 215 | 연습 2: 관계 지도 만들기 216

10장   조직에 인간미를 불어넣는 방법 227

정확하게 보기 228 | 관계의 단계를 바꾸는 행동 232 | 업무관계에서 변화를 계획하고 구현하기 236 | 집단 의사결정과 겸손한 리더십 238

감사의 말 244

1부

리더의 덕목 1
— 상황적 겸손과 관계 맺기

1장과 2장에서는 리더십을 경영과 관리에 대비해 정의하고 겸손한 리더십이 그 밖의 리더십 개념과 근본적으로 어떻게 다르면서도 보완적인지 설명한다. 더 구체적으로는 **상황적 겸손**과 2단계 관계(상대방을 전인적 존재로 대하는 관계) 맺기가 겸손한 리더십의 본질인 이유를 논의할 것이다.

1
모든 문제를 해결할
새로운 리더십

획기적인 혁신을 창조하고 복잡해져가는 전 세계적 난제를 공략하고자 하는 오늘날의 리더들은 새로운 리더십 개념과 모델에 대해 열린 태도를 취해야 한다.

우리 앞에 놓인 경제·정치적, 그리고 무엇보다 환경적 위기 때문에 뷰카(VUCA, 변동성volatility, 불확실성uncertainty, 복잡성complexity, 모호성ambiguity)가 더욱 심해지리라는 예상은 합리적이고 타당하다. 이 중 상당수는 급속한 기술 발전, 전 세계적 네트워크, 조직혁신과 지속적인 성장에 필요한 자원 고갈로 인한 불가피한 결과다.

기회, 희소성, 속도, 적절성의 균형을 유지하면서 이 문제들에 대처하려면 여러 형태와 양식의 리더십이 필요하다. 적응력과 회복력의 중요성은 아무리 강조해도 지나치지 않다. 이 책에서는 21세기 리더십의 주춧돌이 겸손한 리더십임을 입증하고자 한다.

모든 리더십의 기반인 겸손한 리더십

이 대담한 주장을 살펴보기 전에 한발 물러나 이 문장에 들어 있는 몇몇 용어를 정의하고자 한다. 겸손과 리더십은 연마된 개념이다. 갈고닦은 다이아몬드와 마찬가지로 여러 면이 있으며 압력과 시간의 산물이다. 전작에서 보았듯 겸손과 리더십이 하나로 묶이는 경우는 드물다.[1] 그런데 이 책은 왜 둘 사이에 필수적인 연관성이 있다고 말하는 걸까?

이를 이해하기 위해 리더십을 경영, 관리, 그 밖에 인간 행위를 지도하는 다양한 형태와 구별한 단순한 정의를 살펴봐야 한다.

---

1 Schein & Schein, 2018, 2021

새롭고 더 나은 것을 찾는 실천

앞의 정의를 염두에 두고서 겸손한 리더십을 경영, 관리, 통제, 세분화된 현대 리더십의 사전에 끼워맞추려면 어떻게 해야 할까?

겸손한 리더십은 '서번트 리더십', '적응적 리더십', '경계를 넘나드는 리더십', '배우는 리더십', '포용적 리더십', '업무적 리더십', '변혁적 리더십' 등으로 지칭되는 다양한 리더십 개념을 떠받치고 보완하는 기본 과정으로 간주할 수 있다. 앞의 개념들이 리더의 여러 **특질**을 강조하는 데 반해 겸손한 리더십은 이 특질들이 새롭고 더 나은 행동에 일조하도록 **실천**을 강조한다.[2]

이상적 리더의 성격과 양식에 대한 여러 주장은 특정 상황과 목적에 국한해서 보면 모두 타당하다. '서번트 리더'든, '현실적', '적응적', '포용적' 리더든 심지어 '카리스마적'이거나 '우상 파괴적'인 리더든 겸손한 리더십을 **실천**하면 자신의 이상적 특질을 강화해 바람직한 목표를 향해 나아갈 수 있다.

---

[2] Ernst & Chrobot-Mason, 2011; Ferdman et al., 2021; Greenleaf, 1977; Heifetz, 1994; Kouzes & Posner, 2016

일반적으로 리더십은 새롭고 더 나은 방향으로 팀을 이끄는 것으로 정의되는데, 이는 효율적 경영이나 관리의 개념과는 다르다. 이 두 개념은 기존 관행에서 최선인 것을 극대화하거나 최적화하고자 한다. 좋은 경영, 관리, 통제의 필요성은 결코 사라지지 않겠지만 새롭고 나은 것을 찾으려는 겸손한 리더십은 운영 효율이라는 지평을 넘어 변화와 혁신을 추구한다. 지휘·통제나 참여 경영, 심지어 현대 품질향상기법(예: 식스시그마) 모두 상황과 목적에 따라 적합할 수 있지만 변혁적 리더십과는 구별된다. 새롭고 나은 것을 창조하기보다는 현 상태에서의 효율성 향상에 치중하기 때문이다.

체계와 관계의 균형 맞추기

적어도 20세기 중엽 이후로 조직들에는 **사회·기술 체계**socio-technical system라는 적절한 이름표가 붙었다. 애초에 조직의 존재 이유라고 할 수 있는 핵심 과업을 성취하는 과정에서 가장 명백한 사실은 기술적인 것과 사회적인 것이 균형을 이룬다는 점이다. 정치·사회·예술·종교·비영리·경제 등 모든 인간 체계에서 둘은 분리될 수 없지만, 이를 가장 잘 보여주는 곳이 바로 기업 조직이다.

일반적으로 말하자면 일선에서 고위 임원에 이르기까지 모든 관리자는 일상 업무를 수행하는 과정에서 기술과 사회, 수치와 의미, 핵심성과지표(KPI)에 초점을 맞추는 것과 동료와 허심탄회한 대화를 나누는 것 사이에서 균형을 유지하는 경향이 있다. 여기서 반드시 던져야 하는 질문은 그 균형이 올바른가이다. 한편에 기술적인 과제(이를테면 숫자 계산, 새로운 통찰을 위한 대량의 데이터 수집, 측정 가능한 목표와 인센티브 수립)가 있고 다른 한편에 사회·협력적인 과제(과업의 내용과 무관하게 업무 집단의 절차를 확정해 맥락을 올바르게 정하는 것)가 있을 때 우리는 둘 사이에 업무 비중을 바르게 분배하면서 최선의 경로를 밟고 있을까? 숫자를 관리하는 쪽으로 치우치는 경향은 충분히 납득할 만하다. 사내 데이터 출처와 인터넷의 방대한 저장고에서 정보를 얼마든지 얻을 수 있으니 말이다. 업무의 주변 상황에 시선이 분산되거나 수치로 관리 가능한 반듯하고 명확한 업무에 이끌리는 것 또한 인지상정이다.

이에 반해 인간의 사회적 상호작용은 기술적 효율을 추구하고 기술 체계를 미세 조정하는 작업에 비해 복잡하기 때문에 뒤죽박죽처럼 보인다. 하지만 기술 체계에 치우치면 함정에 빠질 수 있다. 기술적 효율을 위한 미세 조정에 너무 많은 시간을 들이거나 바로잡아야 할 것에 치중하다 보면 자신보다 남들이 더 잘 처리할 수 있는 사안에 손대느라 시간을 비효율적으로 쓰게 된다. 사회적 맥락의 신호를 눈여겨보거나 귀 기울이지 않고 기술적 효율에만 매달리면 필수적인 절차 정보를 놓칠 수 있다.

문제는 협력 과정에 투자하지 않았다가 놓치는 것이 하나라도 생기면 어떻게 하느냐는 것이다. 협력 과정에서 필연적으로 새 아이디어가 도입된다. 그중 일부는 현재 과업의 문제점을 찾거나 미래에 기술적 과업을 어떻게 처리할지 개선점을 제시한다. 그건 그렇고 당면 목표의 업무량이 하루나 (심지어) 회계 연도를 통째로 잡아먹을 만큼 과중한 상황에서 관리자가 다음 목표를 생각할 시간이 있을까? 이 상충관계를 철저히 탐구한 한 연구자는 여기에 '혁신가의 딜레마'라는 이름을 붙였다.[3] 이 책의 목적에 비춰볼 때 우리가 일반적으로 해야 하는 일은 이미 진행 중인 과업을 지나치게 강조하거나 단기 목표 달성에 필요한 기술적 '다이얼' 조작에 치중하다가 무엇을 잃어버릴 수 있는지 생각해보는 것이다.

3   Christensen, 1997

겸손한 리더십을 발휘하는 게 기술적 효율의 비중을 줄인다는 뜻은 아니다. 하지만 균형을 새로 설정할 필요는 있다. 우선 '숫자 맞추기'의 집착에서 벗어나야 한다. 숫자에 담기지 않는 다른 요인들이 작용하고 있음을 동료와 이해 당사자들이 인식하고 있을 때는 더욱 그렇다. 그 요인으로는 이젠 무의미해진 수치를 내놓는 수요와 공급 변화, 퇴영적 '백미러' 수치에서 얻은 데이터, 일상 업무에서 희소 자원을 놓고 다투는 팀원들 간의 분열과 기만 등이 있다.

겸손한 리더십은 새롭고 더 나은 해법과 절차를 모색하는 데 중점을 두기 때문에 전향적 사고로 나아가는 문을 열어주며 신속한 적응과 혁신을 가능하게 한다. 통찰, 추측, 다른 관점, 심지어 도발적 아이디어의 공유가 유익하다는 생각을 토대로 규범을 재설정하면 소집단, 대규모 팀, 기업 전체의 성장을 가속화할 수 있다. 겸손한 리더십은 팀들이 현재 알고 있는 아는 것$^{known, knowns}$을 뛰어넘어 **모르고 있는 모르는 것**$^{unknown, unknowns}$을 향해 나아가 미리 정의된 수치의 바깥에 있는 기회를 보고, 느끼고, 개념화하는 데 일조한다. 한 가지 방안으로 업무량의 20~25퍼센트를 숫자 관리에서 떼어내고 조직에 공유되는 정보를 이용해 '새롭고 더 나은 것'을 함께 만드는 데 중점을 두는 협력적 정보 공유에 할애할 수 있다. 겸손한 리더십은 20~25퍼센트의 혁신 지향 업무에서 최대한

의 성과를 끌어내는 토대다.

겸손한 리더십은 '열린 체계' 사고방식과도 관계가 있다. 합병으로 공급 사슬이 달라지거나 고객사에서 비용을 50퍼센트 절감하는 바람에 수요와 공급에 변화가 일어났다고 가정해보자. 또는 '조용한 퇴사$^{quiet\ quitting}$'(코로나19 팬데믹 기간에 생산성과 주의력이 낮아진 현상을 일컫는 신조어)로 인해 사업 계획 완수에 필수적인 팀 구성이 완전히 달라졌다고 가정해보자. 이런 극적이고 혼돈스러운 변화의 시기에는 열린 체계의 사고방식이 필요하다. 닫힌 체계 방식의 관리가 제어반의 '다이얼'을 조정한다는 뜻이라면 열린 체계에 기반한 겸손한 리더십은 새 다이얼, 새 작업 흐름, 새 인력, 새 도구와 파트너를 물색하라고, 기존 난관과 예상치 못한 난관에 대처하는 데 필요한 창의적 아이디어를 모색하라고 독려한다.

겸손한 리더십과 상황적 겸손

겸손한 리더십의 알맹이는 **겸손**이라는 낱말의 구체적 의미에서 찾을 수 있다.

상황적 겸손은 연마해야 하는 기술로, 그 특징은 상황의 모든 요소를 눈여겨보고 이해하려는 열린 태도이며 방법은 다음과 같다.

- 실제로 무슨 일이 벌어지는지 알고 싶어 하되 불확실성을 받아들인다.
- 남들이 알거나 관찰하고 있을지도 모르는 것에 의도적이고 의식적으로 개방적인 태도를 취한다.
- 무의식적 편견이 지각을 왜곡하고 정서 반응을 촉발하는지 촉각을 곤두세운다.

오늘날의 리더십 과제를 해결하려면 어마어마하게 증가한 정보를 관찰, 흡수, 해독해야 하며 혼자서는 해내지 못한다는 것을 인정해야 한다. 최선의 결정을 내리는 데 필요한 정보의 일부는 직속 하급자, 동료, 유관 부서 직원의 머릿속에 들어 있는데, 정작 그들에게 권한이나 책임이 전혀 부여되지 않았을 수도 있다. 겸손한 리더십은 그들과 그들의 아이디어에 마음을 여는 것이다.

새롭고 더 나은 게 무엇이든 그것이 완전해지려면 최대한 많은 정보를 당면 과제나 기회를 통해 수집해 통합해야 한다. 병원 관리를 예로 들어보자. 당신은 최고참 의사와만 상의하는가, 기술

자나 시설 관리직에게도 질문을 던지는가? 그 직원들에게도 예리한 관찰 능력이 있다. 어쩌면 당신은 상황적 겸손의 태도를 취하는 법을 이미 배웠을지도 모른다. 그렇다면 난관에 대응할 때 가장 온전한 정보를 얻는 게 얼마나 중요한지 처음부터 인식하고 있었을 것이다. 불완전한 정보를 토대로 결정을 내렸을 때 초래될 결과에 대한 뼈아픈 교훈을 아직 얻지 않았다면, 상황적 겸손의 태도야말로 겸손한 리더가 되기 위한 1차 단계임을 명심해야 한다.

상황적 겸손 원칙은 당신이 위계질서 내에서 어떤 위치에 있든 적용되며 직무에 따른 책임 범위와는 무관하다. 상황적 겸손을 받아들여 남들이 간과한 정보에 마음을 열기만 해도 더 공식적인 권위를 가진 사람들보다 문제를 명확하게 바라볼 수 있다. 통찰을 표현하고 공유하는 기술을 발전시킨 다음에 타인이 아는 것을 흡수하면 새롭고 더 나은 것을 지향하는 변화에 영향을 미치게 된다. 이것이 겸손한 리더십의 실천이다.

기존 문화와 새로운 문화를
융합하는 리더십

문화는 여러 의미로 쓰인다. 요긴한 정의 중 하나로는 '공유되어 축적된 학습'이 있다. 작은 팀, 조직, 심지어 사회 전체의 문화는 해당 집단이 학습해 새롭거나 젊은 구성원과 공유하는 것의 총합으로도 정의할 수 있다.

선견지명을 지닌 개인이나 사업가, 창시자가 제품이나 서비스 또는 새로운 절차나 방법 같은 것을 내놓으려고 팀을 꾸리면, 그 팀은 어떻게 생산성을 발휘할지 학습하며 그 학습은 문화의 필수 요소로서 누적되고 진화한다. 집단은 창시자의 원래 아이디어를 바탕으로 관행을 함께 만들어내며 이것은 문화의 심층 요소가 된다.

그렇긴 해도 이따금 집단 문화의 발전 경로가 개방성과 혁신에서 벗어나 경직된 아이디어(리더는 어때야 하고 무엇을 해야 하는가에 대한 아이디어)나 관습 쪽으로 나아가기도 한다. 과거에 성공한 사회와 조직에도 하나같이 리더가 어때야 하는가에 대한 아이디어와 규범이 있었다.

겸손한 리더십은 이를 염두에 두고 새롭고 더 나은 것을 기존 문화에 어떻게 접목시킬지뿐만 아니라 리더는 어때야 하고 무엇을 해야 하는가에 대한 기존 관행에 이것이 부합할지, 상충할지도 고려한다. 리더가 새롭고 더 나은 것을 궁리하다 보면 어떤 사람들은 변화를 긍정적으로 여기지만, 어떤 사람들은 익숙하고 유지하고 싶은 관행에 도전하는 위협으로 받아들인다. 문화를 구조(관행)와 실천의 관점에서 보고, 듣고, 이해하는 것은 겸손한 리더십에 부여된 절체절명의 과제다.

문화가 다르면 맞닥뜨리는 기회와 과업이 다르기 때문에 리더십의 형태도 다를 수밖에 없다. 그럼에도 수평적 국제 조직이든 수직적 조직이든 또한 기업 성장의 어느 단계에서든 리더가 팀 구성원들의 의사결정 참여를 받아들이지 않으면 리더십의 양식이나 성격이 아무리 적절하더라도 성공하지 못한다는 게 이 책의 기본 주장이다. 변화하는 상황이나 불확실한 문화적 맥락에서는 무엇이 새롭고 더 나은 결과를 만드는지 리더 혼자서 똑바로 정의할 수 없다.

또한 상황적 겸손을 발휘하려면, 즉 무엇을 새롭게 하고 더 나아지게 할 것인지, 특히 그것을 어떻게 구현할 수 있을지 함께 발견하는 개방성을 발휘하려면 리더는 지금 존재하는 문화를 파악하고, 새롭고 더 나은 것을 구현할 때 그 문화가 어떤 도움이나 방해가 될지도 알아야 한다.

둘 이상의 개인으로 이뤄진 모든 조직은 문화(공유되어 축적된 학습)의 합성물이자 지도자가 새롭고 더 나은 것을 제안하는 바탕이다. 우리가 이 책에서 줄곧 언급하는 현실 문화의 중요한 두 가지 차원은 **기술문화**(전략, 사명, 설계)와 **사회문화**(관계와 소통 패턴)다. 이 기술·사회적 층위를 이해하려면 과거와 미래를 참고하되 자신의 팀에서 관계를 발전시키면서 그 **관계를 통해** 바라봐야 한다. 관계와 기존 구조를 이해하면 새롭고 더 나은 아이디어 제안이 업무 취지와 관행에 어떤 영향을 미칠지 한층 깊이 이해할 수 있다. 관계를 구축하고 정보를 수집하려면, 즉 맥락과 내용을 습득하려면 자신이 알지 못하는 것을 인정하고 개방성과 신뢰를 통해 더욱 온전한 이해를 추구해야 한다.

✓ 요약

겸손한 리더십은 변화무쌍하고 예측 불가능하며 복잡하고 모호한 오늘날의 세상에서 모든 형태와 '브랜드'를 망라하는 리더십의 필수적 토대다.

리더십을 효과적으로 발휘하는 데 상황적 겸손이 필요한 이유는 효과적인 결정을 내리기 위한 정보가 팀 구성원들 사이에 두루 흩어져 있을 가능성이 크기 때문이다. 그렇기에 겸손한 리더는 다른 사람들이 심리적 안전감을 느낄 수 있도록 인간적 관계를 맺어야 한다. 그러면 그들은 리더뿐만 아니라 새롭고 더 나은 것을 창조하려고 노력하는 나머지 팀 구성원들에게 개방적이고 신뢰하는 태도를 취할 것이다.

토론을 위한 질문

- 개인적 혹은 소집단 내에서 **리더십**이라는 단어가 당신에게 무슨 의미인지 생각해보자. 당신이 리더로 여기는 몇 사람을 떠올려보고 그들이 그 위치에 걸맞은 어떤 행동을 했는지 생각해보자. 당신이 생각한 것은 우리의 정의에 어떻게 들어맞는가?

- 상황적 겸손이 겸손한 리더십의 중요한 특질인 이유가 무엇이라고 생각하는가?

- 겸손한 리더십을 효과적으로 발휘하는 데 관계 구축이 필수적인 이유는 무엇인가?

2
심리적 안전감을 위한 관계 맺기

1장을 마무리하면서 오늘날의 변화무쌍한 세상에서 상황을 온전히 혼자 관리하는 것은 불가능하다고 주장했다. 상황적 겸손을 최대한 발휘하더라도 당신에게 필요한 정보나 열쇠, 퍼즐 조각은 대부분 다른 사람들이 가지고 있기 때문이다.

 리더는 다른 사람들이 정보와 통찰을 기꺼이 내줄 만큼 심리적 안전감을 느끼도록 해야 하는데 이를 위해 인간적인 관계를 맺어야 한다. 그러면 그들은 1) 새롭고 더 나은 것을 가다듬고 명확히 하는 데 일조하고, 2) 팀의 계획이 실현되도록 힘을 보탤 것이다.

친숙한 데이터만 가지고 상황에 접근하기보다 알아야 하는 모든 것을 모른다는 사실을 받아들이는 게 중요하다. 이것은 새로운 통찰을 얻는 시작점일 뿐만 아니라 아이디어를 끄집어내고 함께 만들어내며 **그들이 알고 있는 은밀한** (당신의 계획을 망칠지도 모르는) 함정을 찾아내는 법을 당신과 공유하도록 하는 첫걸음이기도 하다.

관계란 무엇인가?

관계는 사람들 사이에 존재하는 **상호예상**의 집합이다. 사람들은 과거 상호작용을 바탕으로 미래 행동을 예측한다. 관계를 맺는다는 것은 상대방의 행동을 어느 정도 예상한다는 뜻이다.

'좋은 관계'를 맺으면 상대방이 어떻게 반응할지 자신 있게 예측할 수 있다. 게다가 좋은 관계를 맺은 두 사람은 서로 명시적이고 암묵적으로 합의한 목표를 향해 노력하고 있다는 믿음을 공유한다. 상대방의 행동을 예상할 수 있다는 이 느낌은 **개인 간 신뢰**의 또 다른 표현이다. 우리는 상대방에게서 무엇을 예상할 수 있는지 '안다'고 생각한다. 우리의 신뢰 수준을 좌우하는 것은 상대방의 행동이 얼마나 일관되게 신뢰할 만한지 또한 그런 행동이 우연이 아니라 의도에 의한 것인지 여부다.

상호예상은 일반적으로 대칭적이다. 하지만 내가 상대를 신뢰해도 상대가 나를 신뢰하지 않는다면 이는 불균형한 관계다. 내가 상대의 행동을 예상할 수 있어도 상대가 내 행동을 예상할 수 없다면 관계가 아직 온전히 형성되지 않은 것이다. 내가 상대를 좋아해도 상대가 나를 좋아하지 않으면 형식적이고 업무적 관계에 머물러 있는지도 모른다. 이런 관계는 비대칭적이고 불안정하기 때문에 그 누구도 이 관계가 발전될지 아니면 중단될지 자신 있게 예측하지 못한다.

관계의
네 가지 단계

관계가 '좋은' 관계나 '나쁜' 관계 둘 중 하나라는 통념에서 벗어나야 한다. 그러니 '관계의 네 가지 단계'라는 제목 아래에 더 세부적으로 범주를 나눠 보자.[4] 모든 사회는 관계의 단계를 저마다 다르게 규정하고 우리가 각 단계에서 서로를 얼마나 신뢰하고 개방적이어도 되는지 알려준다. 우리가 서로를 신뢰하는 정도와 마음을 열고 서로의 말을 존중하는 정도는 (개인적으로나 업무 과정의 일부로서나) 일상적 상호작용에서 수행하는 역할에 의해 문화 내에서 교육되고 학습된다.

−1단계 부정적 관계	교도관과 수감자 사이처럼 권력의 불균등한 분배로 인한 지배, 억압, 비인간적인 통제를 구사한다.
1단계 업무적 관계	서비스업과 소매업, 대부분의 '직업적' 조력관계에서 볼 수 있으며 역할과 규칙에 근거해 상대를 대한다.
2단계 전인적 관계	친구 사이 혹은 효과적이고 협력적인 팀에서 볼 수 있으며 신뢰와 인간미 불어넣기를 바탕으로 삼는다.
3단계 친밀한 관계	연인이나 부부 같은 총체적 상호헌신을 공유하는 정서적으로 가까운 연결을 유지한다.

표 2.1 관계의 네 가지 기본 단계

[4] Schein, E. H., 2016; Schein & Schein, 2017, 2019, 2021

이 역할에는 우리가 누군가에게 얼마나 마음을 열고 신뢰해야 마땅한가에 대한 지침이 암묵적으로 전제되어 있다. 우리는 가까운 친구에게 조언을 청하고 나면 솔직한 답변을 기대한다. 하지만 영업사원과 중고차 가격을 흥정할 때는 개방적이고 진솔한 대화를 기대하지 않는다. 표는 관계의 네 가지 기본 단계와 주요 특징을 대략적으로 보여준다(표 2.1 〈관계의 네 가지 기본 단계〉).

-1단계: 부정적 관계

가장 낮은 단계인 -1단계 관계는 교도관과 수감자, 악랄한 간병인과 환자 사이처럼 대등하지 않은 상황에 해당한다. 이 시나리오에서는 한쪽이 다른 쪽에게 더 많은 권력을 행사하며 관계는 불균형하다. 조직세계에서는 이런 적나라한 착취나 극단적 지배를 찾아보기 힘들지도 모르지만, 시간제 임금 노동자를 쥐어짜는 노동 착취 공장이나 직원을 인간보다는 한낱 머슴이나 일회용품으로 여기는 관리자의 태도에서는 흔히 볼 수 있다.

-1단계 관계가 용인되는 기업의 직원들은 자신의 작업 환경을 '비인간적'으로 규정한다. 그런데도 이 상황을 감내하는 유일한 이유는 선택의 여지가 없다고 느끼기 때문이다. 이를테면 불법 체류 이민자가 저임금, 장시간 노동, 위험한 조건에서도 계속 일

하는 이유는 불만을 제기했다가 고용주가 당국에 신고해 추방당할까 봐서다.[5]

-1단계 관계는 옹호의 여지가 없을 만큼 부정적인 경우가 대부분이지만 중립적인 경우도 있다. 이는 관계 종식이나 개선을 지향하지 않는다는 뜻이다. 이렇게 중립적인 경우가 생기는 이유는 상황이 달라지리라 기대할 수 없거나, 양측이 권력의 불균형을 최대한 활용해 이득을 보거나, 부정적 관계가 일시적일 뿐이라고 생각하기 때문이다.

권력이 불균형한 상황에는 한계가 있고 언젠가 이 상황이 끝나리라고 서로 이해한다면 -1단계 관계도 건설적으로 쓰일 수 있다. 가장 뚜렷한 예로는 군사 기초 훈련이나 신병 훈련소의 정신 개조 과정, 의과대학과 같은 엄격한 학문·직업적 훈련의 초기 과정 등이다. 전자는 새로 입대한 병사와 거들먹거리는 교관이 현 상황에 대해 동일한 예상을 한다. 지금의 불균형한 관계는 거대 조직의 최하층 구성원이 자신의 의지가 '꺾이는' 것을 (설령 매우 잔혹하게 꺾일지언정 감내해야 하는) 정신 개조 과정의 일부로 여기는 것이다. 그래야 장차 규율, 결속력, 동류의식을 얻기 때문이다. 정신 개조 과

5   Grabell, 2017

정을 함께 헤쳐가면서 공유되는 트라우마는 독특한 방식으로 유대감을 형성한다.

미군 2성 장군이 우리에게 들려준 얘기가 있는데, 군사 훈련을 받는 동안 병사들의 관계가 -1단계에서 4단계로 올라간다는 것이었다. 우리는 그 말을 듣고 키득거렸다. 우리가 제시한 모델은 3단계까지밖에 없기 때문이다. 하지만 요점은 분명했다. -1단계가 조직에서든 개인에서든 발달 과정의 일부라면 그 맥락에서 이 관계는 '부정적'이지 않다. 필수 요소로 간주되기 때문이다. 고참 의사가 1년 차 의대생에게 때로는 전공의에게 행사하는 권력과 업무량 불균형도 마찬가지다. 그런 관계는 모질고 억울하며 비인간적으로 느껴지지만 그럼에도 시간이 지나면 훈련 체계의 긍정적 요소로 충분히 받아들여진다. 하지만 세상은 발전한다. 환자의 안녕 못지않게 의사의 안녕도 강조되는 지금은 착취적인 -1단계 관계가 의료 체계에 과연 유익한지 재평가해야 할 수도 있다.

1단계: 업무적 관계

우리는 문명 사회의 일원으로서 서로가 서로를 대등한 인격체로 최소한 인정하리라 기대한다. 배정받은 직무나 역할 이외에는 서로에 대해 전혀 '모르'더라도 상대방이 자신의 존재를 인식은 하리라 예상한다. 부딪히거나 협박당하거나 어떤 식으로든 '무시'당해 불안이나 분노가 치미는 상황이 벌어지지 않는 한 1단계 관계는 무심하거나 무미건조한 것으로 간주된다. 이런 일반적인 상황에서의 1단계 상호작용은 낮은 수준의 상호예상과 인간적 투자를 바탕으로 한 매우 정형화된 교환 형태다. 내가 상대에게 무언가를 주면 상대는 고맙다고 말하고 상대가 내게 질문을 던지면 나는 대답해야 한다는 의무감을 느낀다. 이 상호작용이 얼마나 자동적으로 이뤄지느냐면 상대방이 무례하거나 '너무 스스럼없이' 굴어 선을 넘지 않는 한 눈에 띄지 않을 정도다.

1단계 관계에는 다양한 형태의 만남이 있다. 낯선 사람이나 우연히 알게 된 사람을 대하는 태도, 직장 관리자, 동료, 직속 하급자를 대하는 태도, 의사, 변호사, 그 밖에 우리가 의지하는 전문가들의 (때로는 매우 인간적인) 서비스를 대하는 태도 등이 포함된다. 이 관계를 구별 짓는 특징은 두 **사람**이 아닌 두 **역할**의 연결에 있다. 우리가 병원에 갈 때마다 매번 다른 의사에게 똑같은 질병을 진료받을 때 또는 조직개편 이후 새 상사를 배정받았을 때 이런 역학관계가 드러난다.

이런 일상화된 유형의 교환 형태에서 다른 사람이 같은 역할을 맡고 있는 것이 개인적으로 불편하게 느껴질 수도 있다. 하지만 사회는 이것이 용인돼야 한다고 말한다. 같은 역할을 맡은 사람은 같은 능력을 가졌다고 간주되기 때문이다. 그렇기에 우리는 여전히 일정 수준의 신뢰를 품어야 하고 대화에서 점잖은 개방성을 유지해야 하지만 특정한 역할이나 지위에 의해 정의되는 수준 이상으로 서로를 '알아야' 할 필요성은 느끼지 않는다.

업무 관계의 상당수는 1단계 관계에서 일어난다. 상호작용이 관료적으로 조직화돼 있기 때문이다(관료제는 상호작용을 대규모로 처리하는 데 유리하다). '직업적 거리'는 이런 상황에서 관례적으로 어떻게 상호작용해야 하는지 알려준다. 하지만 이 거리가 관료제에 대한 불만의 원천일 때도 많다. 즉, 직장에서 느끼는 소외감이 문제가 된다.

일반적으로 우리는 비인간적인 대우를 좋아하지 않는다. 그런가 하면 관리자나 리더가 인간적인 **시늉**을 하는 것도 좋아하지 않는다. 동료애가 넘쳐야 바람직하고 직원의 참여가 성과에 중요하다는 얘기를 주워들은 후에 인간적인 시늉을 한다는 느낌이 들면 더더욱 불쾌하다. 사람들은 업무 환경에서 권위, 진실함, 일관성을 매우 정확히 감지하므로 거짓으로 동료애를 꾸몄다가는 오히려 거리가 멀어지고 신뢰가 낮아지는 역풍을 맞기 십상이다.

업무적 관계의 한계

낯선 사람에게서 심리적 거리가 느껴져도 일정 수준의 신뢰와 개방성을 기대할 수 있다. 대부분의 사람은 사회적인 활동과 교환을 가능하게 하는 예의, 품행, 눈치의 문화적 규범을 습득한다. 우리가 '직업적'이라고 불리는 거래적 서비스에서 상호작용하거나 직장에서 역할에 기반을 둔 상호작용을 주고받을 때 서로에게 예상할 수 있는 몇 가지가 있다.

우리는 정상적인 조건에서는 상대방이 진실을 말하리라 기대한다. 하지만 진실을 말하는 게 상대방에게 상처가 되거나 자신에게 불리하게 작용한다면 해로운 결과를 피하기 위해 정보를 숨기는 것이 용인됨을 배웠다. 상황에 따라 너무 솔직한 게 이롭지 않을 땐 상대방에게 관련 정보를 모두 얻을 것이라고 기대하지 않는다. 이를테면 판촉 관계에서는 어느 정도의 과장과 허언을 예상하며 기본적으로 방어 자세를 취하는 (판매자를 경계하라는) **매수인 책임 원칙**caveat emptor sentiment을 따른다.

1단계 관계는 사회적으로든 직업적으로든 어느 정도의 거리를 가정한다. 직업적 거리 개념을 가장 잘 보여주는 것은 의사와 환자의 관계다. 의사는 환자보다 많이 알 것으로 기대되는 전문가다. 이 관계에서 전문가인 의사는 의뢰인인 환자에게 온갖 개인적 질문을 던지는 것이 정당화되지만 반대의 경우는 용납되지 않는다. 물론 이 관계가 불균형한 데에는 그럴 만한 이유가 있다.

보통 직속 하급자는 지시 받은 업무를 이행하는 과정에서 겪는 온갖 고충을 상급자에게 토로하지 않는다. 일이 어떻게 돌아가느냐고 단도직입적으로 물어도 "네, 아무 문제 없습니다. 전부 순조롭게 돌아가고 있습니다"라며 두루뭉술하게 대답한다. 실제 상황은 그렇지 않더라도 말이다. 하급자는 단지 나쁜 소식을 전했다는 이유로 욕먹고 싶지 않으며 더 나아가 상급자의 체면을 세워주기 위해 만사 오케이라는 거짓말을 할지도 모른다. 상급자가 무엇이 문제인지 듣고 싶어 하지 않는다는 사실을 깨우친 하급자는 나쁜 소식을 자진해서 전했다가 불똥이 튀는 상황을 피하려 드는 것이다.

예를 들어보겠다. 부러진 뼈를 맞추는 간단한 수술을 앞둔 정형외과 의사는 마취과 의사, 수술실 간호사, 그 밖의 의료진이 자신에게 신뢰할 만한 정보를 제공할 것이라 예상한다. 의사들은 솔직히 말하는 게 의료인의 '직업적 책무'라고 단언한다. 하지만 애석하게도 많은 젊은 의사와 간호사들은 무언가 엇나가거나 잘못된 것을 보았을 때 고참 의사에게 솔직히 이야기할 만큼의 심리적 안전감을 느끼지 않는다고 말한다.

1단계 관계에는 훨씬 어두운 면도 있다. 적극적 속임수 또는 고의적 기만이다. 큰 조직의 사일로(조직에서 다른 부서와 담을 쌓고 협력 및 소통하지 않는 부서를 비유적으로 이르는 말이다-옮긴이)나 심지어 일반 부서에서 '제로섬 게임' 논리가 작동하면 1단계 업무적 관계는 부정적으로 작용한다. 상대방 집단이 패배해야 자신의 집단, 팀, 부서가 승리한다고 믿는 사람은 자신이 아는 것을 감출 뿐만 아니라 상대방을 적극적으로 오도하거나 기만하려는 유혹을 느낄지도 모른다.

이것은 근시안적 사고, 희소한 자원, 빠듯한 예산, (현대 서구 기업에서 일반적인) 분기별 평가 체제가 영향을 미친 결과다. 간단히 말하자면 이런 조건에서 일하는 사람들은 직업적 거리를 유지하고 정보를 숨기며 (긴급한 상황에서는) 타인을 오도해 단기적 이득을 얻는 것이 더 유리하다. 이런 냉혹한 행동은 소시오패스라고 할 수는 없지만 확실히 파괴적이다. 하지만 다행히도 이런 일탈은 뚜렷이 드러나며 조직이나 기만 행위자에게 장기적으로 유익하지 않기 때문에 일선에서든 이사회에서든 효과적 관리에 의해 대부분 적발되고 바로잡힌다.

2단계: 전인적 관계

2단계 관계의 역설은 우리가 친구나 가족과는 이 단계에서 교류하는 법을 알면서도 직장에서는 그러지 않는다는 것이다. 어색하게 느껴지거나 보람이 없기 때문이다. 하지만 2단계 관계를 맺지 않으면 복잡한 업무를 효과적으로 완수하기 힘들다.

우리가 '심리적으로 안전한' 관계를 일컬어 **인간적**personized ('personized'는 저자가 창안한 개념으로 이 책에서는 문맥에 따라 '인간적' 또는 '인간미가 있다'로 번역했다-옮긴이)이라고 말하는 이유는 상대방을 전인적으로 받아들일 때 심리적 안전감이 생기기 때문이다. 이것은 **인격화**personalization와는 전혀 다르다. 인격화는 진짜처럼 느껴지지만 궁극적으로는 진실하지 않기에 심리적 안전감이 오래가지 못한다. 이에 반해 인간적 관계는 당사자들이 서로를 잘 알기에 개방적이고 신뢰하는 협력적인 연결이 구축되어 있다.

조직에서는 사람을 (사람이 아니라) 역할로 여겨야 직업적 거리를 유지할 수 있다. 그렇기 때문에 친근하면서도 다소 거리를 두는 업무적 관계가 일반적이다. 하지만 인간적 관계는 그보다 심층적이다.

업무적 관계를 뛰어넘어 인간적 관계를 맺으려면 필연적으로 새로운 행동 방식을 채택해야 한다. 그중에는 직업과 조직에서 '적절한 행동'이라고 배운 것과 상반되는 행동도 있다. 인간미 불어넣기란 긴장을 풀고, 진정으로 가까워지고, 허심탄회하고, 화기애애해지고, 한낱 동료가 아니라 친한 친구가 돼야 한다는 뜻일까?

그렇지 않다. 인간적 관계에서도 예의 규범을 벗어나면서까지 진정으로 사적인 관계를 추구할 필요는 없다. 그보다는 개방적이고 신뢰하며 함께 일할 수 있을 만큼 서로를 알아가는 것이 중요하다. 우리는 서로 신뢰해야 하며 이를 위해서는 동료가 어떤 사람이고 어떻게 일하는지 알아야 하지만 사적인 정보까지 알 필요는 없다.

2단계 관계의 본질은 상대방(관리자든 직원이든 동료든 고객이든 환자든 파트너든)을 역할 수행의 존재(편향적이거나 무관심한 기여자에 불과하며 직업적 거리를 둬야 하는 사람)로 보는 것에서 벗어나 공동의 목표와 경험을 중심으로 인간적 관계를 발전시킬 수 있는 **전인적 존재로 보는 것이다**. 2단계 관계에는 여러 형태의 우정과 친분이 포함되지만 겸손한 리더십의 개념을 이해하기 위해 2단계 관계가 작동하는 과정에 초점을 맞추도록 하자.

이와 관련해 우리는 관리자, 의사, 변호사, 그 밖의 조력 전문가가 직속 하급자, 환자, 의뢰인과 처음부터 더 나은 관계를 맺을 수 있다고 주장한다. 처음부터 인간미 불어넣기에 문을 열어두면 서로를 역할이 아닌 전인적 존재로 대하게 된다. 서로를 **바라볼 수 있는 것이다.** 상대방의 개인적인 문제에 공감하는 태도로 질문하고 자신의 개인적인 정보를 털어놓으면 이 과정을 앞당길 수 있다. 이를테면 직원이 항해복 차림의 관리자 사진을 보고 "항해에 취미가 있으신가 봐요?"라고 묻거나 가족사진을 보고 "부장님 가족인가요?"라고 물을 수 있다. 그 순간 직원은 더 인간적인 관계를 맺고 싶다는 초대장을 보낸 셈이다.

　코로나19 팬데믹 초기에 많은 사람이 재택근무를 하면서 화상 회의로 업무를 수행했는데 이때 우리는 인간미 불어넣기 과정이 자발적으로 일어나는 것을 목격했다. 일상이 컴퓨터 화면 속에서 펼쳐지고 있었기에 개인적 삶에 대해 어느 정도 털어놓아야 했다. 회사 회의실의 네모난 탁자 주위였다면 제기되지 않았을 개인적 사안을 털어놓고 물을 만큼 사람들이 안전감을 느끼자 여러 놀라운 일이 벌어졌다. 아이러니한 사실은 **인간미 불어넣기**가 반드시 얼굴을 직접 마주 보는 상황에서 오랜 기간에 걸쳐 천천히 일어나는 것이 아니며 화상 회의를 통해 매우 빠르고 자연스럽게 일어날 수도 있다는 것이다. 우리가 생각하기에 이것은 2020년 봄, 대부분의 사람이 적응해야 했던 극적인 업무 양식 변화의 매우 실질적인 유익이다. 코로나19로 인한 불안이 극에 달하고 평소의 직업적 방어막이 내려가자 사람들은 이전에는 가능하다고 생각하지 못했을 방식(가상의 소통을 통해서는 더더욱 불가능할 거라 여긴 방식)으로 서로 **인간미를 불어넣으며** 위로받고 안전감을 얻었다.

얼마 전 우리는 공기, 물, 토양 자원의 정화와 재생을 다루는 팀들을 서로 연결해주는 상담가를 알게 됐다. 그는 인터넷을 이용한 소통과 화상 회의로 전 세계 팀들이 2단계 관계를 구축하고 공동의 목표를 위해 협력하도록 돕는다. 캘리포니아에 있는 자택에서 대부분의 일을 처리하고 있으며 이런 국제적 2단계 관계를 구축하는 것이 효과적인 업무 관리 방안일 뿐만 아니라 지구 온난화를 늦추는 동시에 사람들이 기후 변화에 적응하도록 하는 필수 조치라고 생각한다.

업무 관계를 2단계로 끌어올리는 것은 "우리가 서로 신뢰하고 업무를 훌륭히 완수할 수 있도록 당신을 더 잘 알고 싶습니다"라는 의도를 말과 행동으로 표현한다는 뜻이다. 절친한 친구가 되어 서로의 사적인 삶을 시시콜콜 알아야 한다는 게 아니라 업무 관련 사안에 대해 개방적이고 솔직해지는 법을 배워야 한다는 뜻이다.

이 유형의 관계는 1단계와 비교할 때 1) 서로에 대한 헌신과 약속을 이행하고 존중하며, 2) 서로를 깎아내리거나 합의를 파기하지 않기로 약속하고, 3) 상대방에게 거짓말을 하거나 공동 과업에 연관된 정보를 감추기 않기로 다짐한다는 측면에서 더 깊은 신뢰와 개방성을 지닌다. 반드시 친구가 되어 일터 밖에서까지 어울리지 않더라도 직장에서 임무를 완수할 만큼 서로를 신뢰하고 서로에 대해 충분히 알 수 있다.

관계는 **인간미 불어넣기**가 시도되고 반응이 오가며 이 시도가 성공하거나 실패하는 여러 상호작용을 통해 발전하고 조정된다. 직원이 관리자에게 항해 취미를 묻는 사례에서 관리자는 열성적으로 대답하거나 무시하는 태도를 취할 수 있다. 그렇게 **인간미 불어넣기**에 대한 자신의 의사 신호를 보낸다. 이런 식으로 편안함의 한계 또는 사적인 문제를 너무 깊이 파고들 때의 위험을 서로 알려주는 소소한 개방성 실험을 통해 2단계 관계를 점차 다져갈 수 있다.

에이미 에드먼슨[6]이 '팀 활동'에 대한 영향력 있는 연구에서 지적했듯 **함께 배우기**는 직원과 관리자가 서로를 알아가는 최선의 방법 중 하나다. 어떻게 하면 업무를 더 잘 수행할지에 대한 제안을 비롯해 직접적 피드백을 주고받을 수 있기 때문이다. 그렇다고 해서 친구가 된다는 뜻은 아니다. 업무를 완수한다는 맥락에서 서로

[6] Edmondson, 2012

를 전인적으로 안다는 뜻일 뿐이다. 그들은 서로 실무 역량과 당면 과업에 관계된 성격을 정확히 알게 된다.

에드먼슨은 까다로운 새 수술법을 시도하는 의료진에 대한 연구에서 설득력 있는 사례를 제시한다.[7] 연구에 따르면 과업을 '너무 복잡하다'고 여겨 포기한 집단은 개인적인 직무 능력에 의존했던 반면에 새 시술법 도입에 성공한 집단은 협력적이었다. 두 번째 집단은 처음에는 자발적으로 뭉쳤고 그다음에는 심장 수술 의사와 함께 **상호학습** 프로그램에 참여하기로 결정했으며 이 덕분에 신뢰와 개방성이 증가했다.

요즘 들어 직원 '참여'가 무척 강조되고 있다. 여기에는 직원에게 개인 프로젝트 시간을 부여하거나 직원의 재능에 더 체계적으로 보상하는 방안이 포함된다. 이 논의와 관련해서 보자면 우리가 참여시킬 수 있는 것은 '역할'이 아니라 '사람'이다. 그러므로 직원 참여와 권한 부여에 관심을 가진 관리자는 먼저 2단계 관계 증진에 초점을 맞춰야 한다. 직원에게 '참여' 의사가 없어서가 아니다. 업무에서 사람이 아닌 역할을 상대하고 자신 또한 역할로 취급받는 것을 좋아하지 않기 때문이다. 사람들은 누구나 타인과 교

---

[7] Edmondson et al., 2001

류하면서 역할이 아닌 사람으로 대우받고 싶어 한다.

업무 관계의 단계에는 궁극적으로 업무의 성격이 반영돼야 한다. 1단계 관계로도 충분히 효율성을 발휘할 수 있는 업무는 여전히 있겠지만 협력, 열린 소통, 상대방의 헌신과 신뢰가 필요한 업무를 위해서는 인간적인 2단계 관계를 맺어야 한다. 여기서 과제는 누군가 그렇게 결정한다는 이유만으로 1단계 관계가 2단계 관계로 바뀌지 않는다는 것이다. "개방성과 신뢰가 더 많이 필요합니다"라고 선언한다고 해서 개방성과 신뢰가 생기지 않는다. 인간미를 불어넣으려면 의도와 노력이 필요하며 관리 규범을 1단계 관계에서 2단계 관계로 발전시키는 것은 겸손한 리더십의 본질적 과제다.

3단계: 친밀한 관계

2단계 관계가 특정 과업과 관련해 전인적 존재에 관심을 두는 것이라면 3단계 관계는 이를 넘어서는 '친밀하'고 '가까운' 우정이다. 3단계 관계는 정서적으로 더 충만하다. 2단계 관계가 서로를 지지하고 해코지를 삼가는 반면에 3단계 관계는 연민과 돌봄을 통해 서로를 돕고 향상시킬 방법을 적극적으로 찾는다(이것은 흔히 '동고동락'이라는 말로 표현된다).

우리는 개인적이고 심지어 사적인 감정, 반응, 견해를 점점 많이 드러냄으로써 관계를 심화하며 상대방이 이에 화답해 어디까지 드러내는가에 따라 수용 정도를 판단한다. 드러내기, 받아들이기, 화답하기의 수준을 점차 끌어올리다 보면 궁극적으로 서로를 편하게 느끼는 친밀한 수준에 도달한다. 이 수준이 어떤 모습인지는 상황과 참여자들의 성격에 따라 달라지며 업무 관계에서는 과업에 따라서도 달라진다.

일반적 통념에 따르면 사람들은 조직생활에서 3단계 관계를 회피하고 싶어 한다. 편 가르기, 정실주의, 편애처럼 보일 우려가 있기 때문이다. 이런 행위는 임무 완수의 방해 요소로 비칠 뿐만 아니라 최악의 경우에는 노골적 부패로 치부된다. 마찬가지로 사내 연애는 일반적으로 부적절한 처신으로 간주되는데, 애정을 숨기려는 시도를 전혀 하지 않을 때 더욱 그렇다. 같은 맥락에서 선물이나 특별한 대접은 임무 완수를 위한 정당한 유인책으로 인정되지 않는다. 공정성에 의문을 불러일으켜 생산성에 악영향을 끼칠 수 있기 때문이다. 이를 비롯해 적절한 주고받기와 부적절한 주고받기에 대한 규범들은 정도의 차이만 있지, 모든 업무 관계에 적용된다.

2단계와 3단계 관계의 차이는 기본적으로 정도 문제이며 둘을 가르는 경계는 과업에 따라 달라진다. 이 때문에 업무 환경에서

난처한 상황이 벌어지기도 한다. 자신의 내밀한 사정을 드러내거나 상대방에게 개인적 질문을 던지는 것은 어느 수준의 친밀함이 편안하게 느껴지고 임무 완수에 적절한지 알고자 할 때 으레 동원하는 방법이지만, 이런 시도가 선의로 받아들여질지 불쾌하거나 주제넘은 짓으로 간주될지 미리 알기는 힘들다.

우리는 이 경계를 탐구하기 위해 지난 몇 년간 미국 직장 문화를 관찰했는데, 'TMI'(too much information, 굳이 알려주지 않아도 되는 정보)라는 표현의 사용 빈도가 증가했음을 알았다. 이것은 공유되는 개인 정보의 수준이 적절함의 한계를 넘어섰다는 신호다. 개인적인 질문, 답변, 이야기가 어떤 사람에게는 수월하고 자연스러운 과정일지는 몰라도 어떤 사람에게는 거북하다. 문제는 이것이 거북하거나 부적절하게 느껴지더라도 업무와 관계가 있고 이를 안전하고 완벽하게 수행하는 데 중요할 경우, 어떻게 그 간극을 메우고 직장 내 개인적 정보 공유를 정당화할 것인가다.

2단계와 3단계 관계의 경계는 상황적이고 역동적이다. 특히 직장에서는 개방성과 친밀함에 대한 암묵적 규범과 한계가 있으며 우리는 가까운 친구와 가족 구성원과만 공유해야 하는 사적인 사안을 판단하는 나름의 감각을 기른다. 하지만 우리가 자신을 드러내기로 마음먹는 결정은 언제나 맥락에 근거한다. 실적 위주의 팀에서 볼 수 있듯 예외적인 과업과 상황도 있다. 그런 경우, 우리는 1단계 관계를 직업의식의 규범으로 받아들일 수 있지만 성공을 거두려면 3단계에 훨씬 가까운 관계가 필요하다. 임무를 성공적으로 완수하려면 서로가 어떻게 일하는지 아는 높은 수준의 내밀한 지식이 있어야 하기 때문이다. 그것은 팀원이 과업을 수행하면서 나머지 팀원의 물리적 동선을 예상하는 것과 같은 극단적 형태의 '이심전심' 혹은 (또 다른 전문 용어를 들먹이는 위험을 감수하자면) **초공감**super-empathy에서 비롯한 흡사 초감각적이거나 텔레파시적인 협력일 수도 있다.

3단계 관계의 친밀함까지 필요하지 않은 상황에서는 2.5단계 관계가 작동할 수도 있다. 2.5단계는 2단계 관계의 개방성과 신뢰를 넘어서며 3단계 관계의 연민과 열정적 헌신을 어느 정도 포함한다.

우리는 이 단계들을 정의하면서 경계가 완전히 뚜렷하거나 상대방의 반응을 언제나 예측할 수 있다고 주장하지 않는다. 2단계 관계를 구축하는 과정 중 하나는 **인간미 불어넣기**의 경계를 상호 간에 발견하는 것이다. 이때 양측은 일정 수준의 개방성에 대해 상대방이 어떻게 반응하는지에 따라 개방성과 신뢰를 조절해가며 서로를 계속해서 믿을 만하다는 안심 수준을 찾는다.

마지막 요점을 강조해야겠다. 2단계 관계에서 반드시 상대방을 좋아하거나 다정하게 대할 필요는 없지만 그렇게 하면 뜻밖의 유익을 얻거나 목표를 더 손쉽게 달성할 수도 있다. 업무 집단에서 2단계 관계의 요점은 양방향 대화를 스스럼없이 시작하고 신뢰를 쌓음으로써 업무를 더 성공적으로 달성하도록 각각의 구성원에게 심리적 안전감을 선사하는 것이다.

관계 단계의 지표, 감정

다음 표에는 관계의 네 가지 단계를 나열하고 각 단계와 가장 밀접하게 연관된 감정을 표시했다(표 2.2 〈관계의 단계와 연관된 감정〉).

-1단계 관계의 반감antipathy은 지배하는 쪽이 불균형한 관계를 강화하기 위해 상대방에게 위해를 가할 방법을 적극적으로 찾는다는 뜻이다. 1단계 관계의 무감apathy은 상대방의 안녕에 무관심하다는 뜻이다. 업무적 관계의 두드러진 특징은 자기이익이므로("나는 내가 무엇을 원하고 무엇을 얻을 자격이 있는지 안다") 이런 관계

관계의 단계	상대방에게 느끼는 감정
−1단계	반감
1단계(업무적)	무감
2단계(인간적)	공감
3단계	연민

표 2.2 관계의 단계와 연관된 감정

는 자신의 행동이 다른 사람에게 좋든 나쁘든 어떤 식으로 영향을 미치는지 신경 쓰지 않는다. 2단계 관계에서 상대방의 안녕에 대한 공감empathy은 인간미 불어넣기 과정의 알맹이다. 3단계 관계의 연민compassion은 개인적 친밀함으로 나타나든 직업적 친밀함으로 나타나든 개인이나 집단의 이해관계와 감정을 두루 연결한다.

　이 감정들은 단계 모델의 또 다른 참고 기준이며 무엇보다 중요한 것은 1단계와 2단계 관계의 차이를 '직감'으로 확인하는 방법이다. 관계의 양측이 자기 자신에게만 관심을 기울이고 상대방에게 무심하면 어떻게 높은 수준의 협력과 정보 공유를 기대할 수 있겠는가? 그럴 리는 만무하다! 1단계 관계가 업무 환경에서 역효과를 내는 것은 이 때문이다. 이에 반해 2단계 관계의 공감은 자기 이익을 내려놓고 정보, 사회적 맥락, 난관, 기회를 공유하고 함께 해결할 수 있도록 상대방의 이익과 집단 전체의 이익을 찾아내는 과정이다.

✓ 요약

이 장에서 우리는 관계를 정의하고 저마다 다른 상황에서 나타나는 다양한 일련의 행동을 통해 관계가 형성된다고 주장했다. 이 의미에서 관계는 **설계되고 발전할** 수 있으며 설계 과정은 개인이나 집단의 최초 상호작용에서 시작된다.

우리는 신뢰와 개방성의 정도로 표현되는 관계의 네 단계를 논의했다. 1단계 관계가 특정 상황에서, 즉 업무가 단순하고 모든 사람의 역할이 분명할 때에는 성공할 수 있지만 업무가 복잡해지고 역할이 정해지지 않거나 겹칠수록 2단계 관계 형성이 필수적인 이유를 살펴봤다.

일반적 업무 환경에서 겸손한 리더십을 발휘하려면 무엇을 묻고 무엇을 드러내든 더 인간적인 태도를 취함으로써 2단계 관계를 통해 신뢰와 개방성을 구축해야 한다. 그렇게 하면서도 1단계 관계의 직업적 거리에서 나타나는 형식주의와 무감을 피하는 동시에, 3단계 관계의 친밀함을 강요하지 말아야 한다. 겸손한 리더십의 본질은 형식주의적 극단과 친밀함의 극단에 치우치지 않은 채 균형을 유지하는 능력이다.

토론을 위한 질문

- 당신에게 많은 것을 가르쳐준 상사에 대해 생각해보자. 당신은 상사와의 관계를 어떻게 묘사하겠는가? 상사는 그 관계를 만들어내기 위해 어떤 행동을 했는가?

- 당신이 팀에 속한 적이 있다면 팀원들과의 관계에 대해 생각해보자. 그들은 그 관계를 만들어내기 위해 어떤 행동을 했는가?

- 당신이 상사나 관리자였던 적이 있다면 직속 하급자와의 관계에 대해 생각해보자. 당신의 행동에서 어떤 부분이 그 관계를 만들어내는 데 일조했는가?

2부

리더의 덕목 2
— 사례로 보는 겸손한 리더십

다음 세 개의 장에서는 새 집단의 결성에서 기존 집단의 개편까지 다양한 조직 및 집단 상황에서 겸손한 리더십이 어떻게 나타났는지 소개하고, 겸손한 리더십을 실행할 때 집단역학이 어떤 역할을 하는지 알려준다.

3
조직설립에 가장 필요한 겸손한 리더십

새 조직을 결성하거나 기존 조직 안에 새 집단을 창설하는 일은 리더십을 발휘해야 하는 전형적인 행위다. 선각자적 개인들은 새 집단에서 더 나은 제품, 서비스, 가치, 아이디어를 만들어 기업의 생존과 번영에 이바지한다. 조직결성 및 창조 과정에 겸손한 리더십 원칙을 접목하면 독특한 현상이 나타나는데, 바로 리더가 전체 과정을 다른 사람들과 함께 시작하면서 자기 혼자서는 이 일을 할 수 없음을 인정한다는 것이다.

다음 예에서 보듯 성공하는 겸손한 리더는 구조적인 문제를 대할 때 상황적 겸손의 태도를 취하며, 업무 환경이 복잡하고 유동적일 때 창의적 과정이 필요함을 인식한다. 이 과정은 처음부터 다른 사람들의 정보와 통찰에 기대어 비전을 만들어내고 그들의 협력적 참여에 기대어 비전을 실현하는 것이다. 이런 과정이 전개되는 동안 겸손한 리더는 '새롭고 더 나은' 것을 함께 만들어낸다는 목표를 위해 조직 안에서 2단계 인간적 관계를 쌓아간다.

이를 설명하기 위해 실제 상황을 예로 들어보겠다. 사례에서 조직에 의해 공식적으로 임명된 지도자들은 전통적 의미에서 결코 '겸손하다'고 간주되지 않을 성격을 가졌지만, 기본적 리더십을 통해 상황적 겸손을 입증하고 더 큰 계획의 성공을 위해 관계의 올바른 토대를 쌓아가는 법을 알고 있었다.

사례 1: 싱가포르를 도시국가로 만든 리콴유

1960년대, 리콴유는 영국 유학 기간에 2단계 관계를 맺은 동료들과 함께 한 가지 깨달음을 얻었다. 자신이 태어날 때에도 여전히 영국 식민지이던 싱가포르가 성장하고 독립하려면 중요한 국제항을 건설하고 외국 투자를 유치해 자생력 있는 도시국가로 발전해야 한다는 것이었다.[8]

1959년부터 1990년까지 싱가포르 총리를 역임한 리콴유는 싱가포르의 경제적 생존을 위해 여러 해외 대기업이 싱가포르에 투자하도록 해야 한다는 것을 알아차렸다. 그러려면 회의적인 외국 투자가들에게 매력적이고 믿음직한 환경을 조성해야 했다. 해법은 간단했다. 시민 행동을 변화시켜 도시를 청결하게 하고, 정부의 신뢰도를 완벽하게 끌어올리고, 부패를 척결하는 것이었다. 이를 위해 새로울 뿐만 아니라 이전보다 나은 과정을 구현해야 했다.

첫째, 최고의 명석한 젊은 인재들을 리더로 선출해 경제개발청(EDB)을 꾸렸다. 이 기구의 임무는 잠재적 외국 투자자를 물색해 싱가포르를 투자처로 홍보하고 공장과 정유소와 연구소를 유치하는 것이었다. 복잡하고 변화무쌍한 환경을 맞닥뜨린 EDB의 젊은 관료들은 상황적 겸손을 발휘해야 했으며 그와 더불어 잠재적 투자자들과 2단계 관계를 맺어야 했다. 또한 내부적으로는 정보를 공유하며 완벽하게 협력해 역할을 수행하는 동시에 EDB 내에서 승진을 위해 경쟁했다.

---

[8] Schein, E. H., 1996

둘째, 도시를 철저히 재생해 안전하고 믿음직한 환경임을 입증함으로써 외국 투자가들이 보기에 매력적인 곳으로 만들어야 했다. 리더들은 시민을 위해 일자리와 주거 공간을 창출하는 계획을 추진하는 한편 일상적 행동의 극적 변화를 요구했다. 이 도시 정화 방법은 성격상 억압적이고 혹독한 독재적 행위였지만 사람들에게 일자리, 주거, 유망한 미래를 선사했기에 정당하게 느껴졌다. 방문객들은 싱가포르 신공항을 보면서 극도로 잘 운영되던 옛 취리히 공항이 떠오른다고 말했다. 그들의 계획이 취지대로 진행됐다는 증거였다.[9]

셋째, 행정가들은 정부 계획이 효과적이고 신뢰할 만하며 안정적으로 보이도록 해야 했다. 그래야 투자가와 시민들이 이 변종 전체주의를 유해한 것이 아닌 유익한 것으로 여길 테니 말이다. 정부 공무원이 중도에 그만두지 않도록 기업 고위 임원 수준의 급여를 제공했으며 팀워크를 다지기 위해 EDB와 싱가포르 항공 경영진 같은 핵심 직책을 공동 책임제로 변경해 체계적 순환 보직을 실시했다. 모든 고위 정부 관리자가 서로의 임무에 대해 파악하고 협조하도록 하기 위해서였다.

9   Schein, E. H., 1996

정부 내에서 2단계 관계를 구축한 덕에 엄격한 위계질서와 명확한 역할을 부여할 수 있었다. 물론 여기에는 모두가 서로를 적절한 개인적 수준에서 아는 것, 공동의 전체 목표에 근거해 정보를 공유하는 것에 높은 가치를 둔다는 전제가 있었다. 위계질서가 역할 조율에 필요함을 인정하면서도 위계질서 내에서 필수 정보가 교환되도록 모두가 같은 수준에서 소통해야 한다는 규범이 확립됐다. 이 정보 체계는 매우 결정적이고 혁신적이었다. 고위 정부 관료들은 자신들의 진취적 시도가 상관의 확고한 지원을 받는다고 거듭 언급했다. 상관은 하급자가 내린 결정이 설령 논란의 여지가 크더라도 과감히 지지했다. 이렇게 할 수 있었던 이유는 리콴유와 동료들 사이에 절대적인 신뢰가 있었기 때문이었다. 서로를 진정으로 아는 것이 신뢰의 바탕이었다.

리콴유와 동료들은 상황적 겸손의 본보기다. 그들은 싱가포르에 가장 효과적인 것이 무엇인지를 남들에게서 배운다는 실용적 철학을 표방했다. 그들은 자신이 무엇을 모르는지 알았으며 도움을 청하는 것을 두려워하지 않았다. 이를테면 신생 국가 건설 경험이 있는 국제연합과 여러 유럽 자문역에게 조언을 구했다. 또한 다양한 산업을 유치하는 과정에서 정부 관료들은 재빨리 최선의 경영 방식을 배웠다. 1994년, 리콴유는 에드거 샤인과의 인터뷰에서 인력관리지침을 자랑스럽게 꺼내 보여줬다. 리콴유는 정부에서 이 지침을 의무적으로 사용하도록 했는데, 그 이유는 무척 존경하는 조직인 로열더치쉘에서 이를 이용해 큰 성공을 거뒀기 때문이라고 말했다.

많은 사람이 리콴유의 전제적 통치를 비판했다. 야당 탄압도 비판거리 중 하나였다. 하지만 리콴유는 싱가포르 국민에게 일자리와 주거 공간을 공급하겠다는 약속을 여전히 지키고 있다며 자신의 행위를 변호했다. 아들을 후계자로 앉혔다는 비판도 제기됐다. 이것은 명백한 정실주의 사례로, 리더가 이런 결정을 내리는 것은 부정적 행위로 치부된다. 하지만 그의 아들이 싱가포르의 성장을 견인하는 데 필요한 재능을 입증하지 못했다면 그 자리에 오르지 못했으리라는 것도 분명했다.

배울 점: 공감과 협력을 다지는 집단적 가치

지금까지 보건대 싱가포르는 1단계 업무적 관계로의 퇴행을 잘 막아낸 듯하다. 1단계 관계에서는 직원들이 갈라져 사일로에 갇히고 개방성과 신뢰가 낮아진다. 싱가포르의 역사를 들여다보면 2단계 관계가 싱가포르의 성장에 필수적이었고 창건자와 후임 리더들이 이런 관계 유지가 얼마나 중요한지 인식했음을 뚜렷이 알 수 있다. 그들의 계획은 최고의 인재를 선발해 훌륭한 교육을 시켜주고 재계 못지않은 보상 수준으로 공직에 채용해 전체 전략 목표에 부응하도록 협력 가치를 키우는 것이었다.

사례에서 알 수 있듯이 창립 과정에서 리더들이 서로 2단계 관계를 맺으면 위계적 조직 내에서도 높은 수준의 개방성과 신뢰를 뒷받침하는 문화적 규범을 만들어낼 수 있다. 이 환경을 조성하는 한 가지 방법은 역할이 고정되지 않도록 하는 것이다. 그러려면 주요 리더들이 핵심 역할을 번갈아 맡아 나머지 사람들의 일에 대해 알아야 한다.

다시 말하지만 겸손한 리더십의 과정에 반영되는 것은 성격 같은 개인적 특질이 아니라 함께 공유하는 집단적 가치다. 소규모 스타트업과 전문 기업은 개방성과 신뢰를 필수적으로 유지해야 한다. 숨 쉬는 것만큼이나 정상적이고 자연스러우며 생명을 유지해주는 것으로 느껴져야 한다.

사례 2: 관계는 언제든지 퇴행할 수 있다

디지털이퀴프먼트코퍼레이션(DEC)의 성장과 사멸은 겸손한 리더십의 취지가 아무리 훌륭하더라도 더 큰 저항을 맞닥뜨리면 2단계 관계를 포기하고 거래적이고 경쟁적인 1단계 관계로 퇴행할 수 있음을 잘 보여준다.[10]

DEC의 공동 창업자 켄 올슨은 진정으로 겸손한 리더였다. 그가 30여 년에 걸쳐 키운 기업은 엄청난 성공을 거뒀다. 1980년대에 DEC보다 앞선 IT 기업은 IBM뿐이었다. 기술 기업가 켄은 직속 하급자와 신속하게 2단계 관계를 맺었으며 최고로 명석한 컴퓨터 시스템 엔지니어들을 주로 채용했다. 그는 처음부터 투자와 혁신을 위해서는 서로에게 개방적이어야 한다는 사실을 인식했다. 켄은 DEC의 독특한 사회문화를 만들어냈으며 그가 행동으로 보여준 경영 방식은 열렬한 충성과 헌신을 이끌어냈다.

켄의 관리 방식은 새로 채용한 엔지니어들에게 재량권을 두둑이 부여한다는 점에서 남달랐다. 엔지니어들은 재량권을 활용

---

[10] Schein, E. H., 2003

해 집단으로서 긴밀히 협력할 수 있었으며 제품 전략을 놓고 내부 경쟁을 벌이기도 했다. 초창기 DEC의 기술 리더들은 중구난방의 지루한 전략 논쟁을 벌이기 일쑤였지만 그러다가도 일단 결정이 내려지면 개방적인 태도를 유지했다. 켄은 기술 리더들의 다툼을 관망하다가도 필요할 때는 개입해 화해와 합의를 이끌어냈다. 개입할 때에도 결정에 대한 헌신과 신뢰의 중요성을 강조했다. 한번은 왜 직접 결정을 내리지 않고 지지부진한 논쟁을 내버려두느냐는 질문에 그는 이렇게 대답했다. "무엇보다 저는 그럴 만큼 똑똑하지 못합니다. 제가 배운 쓰라린 교훈이 하나 있습니다. 제가 결정을 내리고 뚜벅뚜벅 걸어가는데…… 돌아보니 제 뒤에 아무도 없더라는 겁니다."[11]

켄은 리더로서 높은 도덕적 기준을 설파했으며 무엇보다 속임수와 모호함을 용납하지 않았다. 논쟁은 환영하지만 논쟁에서 이기려고 거짓말하는 것은 안 된다고 말했다. 그는 매우 소탈했으며 따져 묻고 날카로운 질문을 던지면서도 동료들에게 위압적으로 보이지 않는 법을 잘 알았다. 오히려 사람들이 자신을 두려워하면 당황했다. 그는 직원들이 두려워하지 않도록 회사 내 다양한 부

---

[11] E. H. Schein, 2003

문의 엔지니어를 자발적으로 찾아가 업무에 대해 진심 어린 호기심으로 질문을 던졌다. 이 덕분에 상대방은 비판을 듣더라도 자신이 중요한 존재로 대접받고 관심받는다고 느꼈다. 사람들은 켄에게 외면받는 것보다는 비판받는 게 낫다고 곧잘 말했다.

켄은 최고의 기술 인재를 채용한 뒤 자신의 약점(창업자로서 모든 해답을 가지고 있지 않은 것)을 받아들이고 전문가들에게 최선의 기술적 결정을 위임했다. 그리고 그들이 서로에게 개방적일 수 있는 환경을 조성하는 데 전념했다. 그들은 회사 내에서 입지를 다지기 위해서가 아니라 제품 디자인에 있어 최선의 해답을 얻기 위해 협력했다. 켄은 핵심 직원들에게 권한을 부여하고 그들에게 의지했다. 직원들의 결정이 좋은지 나쁜지는 **시장의 판단**에 맡겼다. 그는 직원과 시장 현실에 겸손했지만 진실, 개방성, 과학이라는 가치에 헌신할 때는 단호했다.

켄은 결정을 내리고 실현하려면 서로 돕는 관계를 맺어야 하며 이를 위해서는 온전한 개방성과 신뢰가 필요함을 알고 있었다. 이렇게 직원들에 대한 확신을 표명하자 대부분의 직원은 온전한 소속감을 느꼈으며 회사 내에서 갓 형성되고 있던 사회문화에 열성적으로 헌신했다. DEC의 사회문화는 지적 경쟁을 대하는 상황적 겸손, 전대미문의 기술적 걸림돌, 아마도 가장 중요하게는 창업자에게서 비롯한 개인 간의 공감이 독특하게 어우러진 결과였다. 켄은 집단이 자신보다 많이 알고 있음을 인정하는 것, 파벌과 정실주의를 멀리하면서도 팀원 개개인의 지혜를 끄집어내는 방법을 찾는 것이 자신의 참된 과제임을 깨달은 최초의 인물이었다.

문화는 살아남지만 기업은 살아남지 못할 수도 있다

일반적으로 신생 조직에서는 하급 직원에게 전략·전술적 결정을 내릴 권한 부여가 (의무 사항은 아닐지라도) 가능하다. 제품 개발을 놓고 내부 경쟁을 독려하고 시장이 결정하도록 하면서 성공적으로 성장하는 것도 가능하다. 하지만 성공, 성장, 연륜과 더불어 부족주의의 위험도 커진다. 권한을 부여받은 하급 직원들이 자신의 소제국을 건설하기로 마음먹으면 건강한 경쟁이 병적인 분란으로 바뀔 수도 있다.

켄은 DEC 내에 독립 사업부를 신설하는 방안에 완강히 반대했다. 회사가 성장하는 과정에서 모든 프로젝트를 지원해야 한다는 신념 때문이었다. 그러지 않으면 시장이 급변했을 때 특정 사업에 치중하고 나머지 사업을 홀대할 우려가 있었다. 하지만 켄의 상황적 겸손은 여기서 역효과를 낳았다. 그는 핵심 엔지니어들이 공개적이고 객관적으로 논쟁하지 않고 각자의 소제국을 대변하며 집단이 아닌 자신들을 위해 논쟁하고 있다는 것을 간파하지 못했다. 지적 경쟁 관계는 사일로로 굳어졌으며, 한때 공유되던 기술적 지혜는 개개의 사일로에는 유익하지만 기업 전체에는 불리한 부족주의적 사고로 대체됐다. 직원들이 서로 또한 켄과 맺고 있던 2단계 관계는 신뢰가 무너지면서 허물어졌다.

이 요인들은 하나로 어우러져 서글프지만 예측 가능한 경제적 결과를 만들었다. 직원들은 부족 전쟁을 벌이면서 한정된 자원을 허비했으며 주요 제품 출시 시기를 세 번이나 놓쳤다. 신뢰는 급속히 사라졌으며 거짓말과 모략으로 서로를 비방했다. 개방성도 낮아져 관계가 업무적으로 바뀌고 직업적 거리가 벌어졌다. 켄은 자신이 권한을 부여해준 사람들에 의해 점차 뒷전으로 밀려났다. 그가 그토록 신뢰한 엔지니어들은 이제 DEC의 모든 것을 혁신적이고 강력하게 유지하는 과제에 집중하지 않았고 각자의 계획에 유리한 결정을 내렸다.

제품이 실패하고 비용이 상승하자 이사회는 어쩔 수 없이 켄을 해고하고 더 전통적인 지휘 통제 방식의 CEO를 승진시켰다. 신임 CEO는 대대적인 인원 감축을 실시했다. 이 때문에 대부분의 창의적 엔지니어가 이직하거나 퇴사했다. 다음으로는 DEC를 컴팩에 매각하는 계획을 추진했으며 결국은 휴렛패커드에 인수됐다.

결말은 서글프지만 첫 30여 년 동안 DEC는 창업자가 겸손한 리더십으로 성공적인 조직을 구축할 수 있음을 보여준 사례다.

배울 점: 성장하는 조직이 가장 경계해야 할 것

어떻게 해야 겸손한 리더가 되는가에 대한 정답은 없다. DEC 사례에서는 강력한 엔지니어가 자신만큼 또는 더 똑똑한 사람들을 채용하고 막강한 권한을 부여하는 관리 체계를 만들어 조직을 세운 것을 볼 수 있었다. 켄 올슨은 조직설립에 있어 극단적인 상황적 겸손의 태도를 취했으며 공감적인 2단계 관계를 신속하게 확립했다.

그와 더불어 조직이 성장하면 직원들이 자신의 권력 기반을 다지기 위해 경쟁을 벌이는 상황도 볼 수 있었다. 자신들이 그냥 똑똑한 게 아니라 독자적인 작은 조직의 리더임을 알아차리고서 공동의 목표보다 자신의 조직을 우위에 놓은 것이다. 켄은 하급자들에게 자신의 관리 방식을 적극적으로 권했지만 결국 그도 그들도 집단 내 문제를 관리할 수 없었다. 시장 상황이 변하면서 조직이 모든 제품군을 관할하는 단일 단위로 유지되지 못하면서 여러 사업부로 분리돼야 했기 때문이다.

조직 내에서 개별 사업부가 성장하면 공감이 사라지고 상황적 겸손 대신 편향적 사고방식이 득세해 집단 내 경쟁이 벌어질 수 있다. 이때 집단 간 분쟁이 일어나지 않도록 관리하는 게 겸손한 리더십이 대처해야 하는 중요한 현실 과제다.

DEC는 경제적으로 실패했지만 켄 올슨의 겸손한 리더십에서 비롯한 문화적 가치가 여전히 높은 평가를 받고 있음은 주목할 만하다. DEC 출신들 중에서 켄의 방식이 회사를 관리하는 최선의 방법과 거리가 멀다고 생각하는 사람도 있다. 하지만 자신이 DEC에서 보낸 시절이 최고의 직장 생활이었다고 말하는 사람도 많다.

사례 3: 병원을 2단계 관계 문화로 바꾼 겸손한 리더십

의료 기관이 성장의 토대로서 2단계 관계 문화를 만들고 유지할 수 있을까? 알다시피 의료는 높은 수준의 협력이 필요하며 많은 병원에서는 업무 재설계 모델을 통해 프로세스를 재검토하는 방안을 채택한다. 환자와 가족이 더 적극적으로 의료인과 협력해 전반적 '인구 건강'을 개선하는 '공동 생산' 의료에 대한 요구도 거세다.[12] 하지만 이 방향이 성공적이고 지속 가능할까?

우리는 응급실과 (특히) 수술실에서 새로운 협력 모델의 뚜렷한 사례를 볼 수 있다.[13] 퍼시픽노스웨스트에 있는 의료법인 (PNHC)의 사례를 보자. 지난 20년간 PNHC의 이사회, CEO, 그 밖의 리더급 팀원들은 병원 문화 전체를 2단계 관계로 발전시키기 위해 열심히 노력했다. 그 중심에는 비용 구조, 연구 압박, 안전 요건 등의 난관에 대처할 때 환자를 최우선에 놓는다는 포괄적인 가치가 있었다.

의사와 행정직이 함께 배우는 상황적 겸손

PNHC의 새 시대는 재무으로 어려움에 처한 시기에 시작됐다. 20년간 재임하던 CEO가 퇴사하고 새 CEO로 칼 그린이 임명됐다. 그린은 PNHC 산하 병원이자 대표 병원에서 의사로 일했으며 그곳에서 PNHC의 전반적 수준을 개선하는 일에 관심을 쏟았다.

PNHC의 새 출발을 위한 그린의 첫 과제는 의사와 행정직 사

---

[12] Nelson et al., 2007; Suchman et al., 2011
[13] Plsek, 2014; Kenney, 2011; Edmondson, 2012; Valentine & Edmondson, 2015

이에 새 '협약'을 공동으로 작성하는 것이었다.[14] 많은 변화 시도가 시작조차 안 되거나 중도에 실패한 이유는 의료진과 행정직의 기본적 문화 가치가 상충하고 조직의 미래를 위한 협약이 공유되지 않기 때문이었다. 그의 계획은 이 문제를 예방하는 것이었다.

새 협약은 모든 당사자가 준수해야 했으며 애로 사항이 있으면 조력 혹은 탈퇴 중 하나를 선택해야 했다. 협약의 주된 결과는 수백 명의 핵심 의사와 행정직이 서로를 개인적으로 알게 되는 것이었다. 이렇게 더 친밀한 관계를 형성하면 환자의 처우와 건강뿐만 아니라 직원의 헌신과 안녕을 위한 최선이 무엇인지 더 효과적으로 고려할 수 있기 때문이다. 협약은 2단계 관계를 쌓아가는 과정에서 출발했다.

조직 전체의 변화를 위한 선택

그린이 경험에서 배웠듯 2단계 관계를 재구축하려면 다양한 방법을 동원하는 소소한 프로젝트 여러 개를 추진할 게 아니라 모두가 공유할 수 있는 하나의 포괄적 방법론이 필요했다. 또한 하나의 방법론에 공동으로 전념하려면 PNHC 최고위직들이 이를 실제

14　Silversin & Kornacki, 2000, 2012; Kornacki, 2015

로 이해하고 승인해야 했다. 그린은 조사를 통해 유익한 모델을 찾았다. 바로 낭비를 없애는 것을 목표로 삼는 토요타 생산 방식Toyota Production System, TPS의 '린Lean' 방법이었다. 그린이 PNHC 신임 CEO로서 처음 시행한 조치는 다수의 핵심 의사 리더, 행정직, 이사들을 2주 동안 일본으로 연수를 보내 TPS(일명 '린')가 자동차 산업 등에서 어떤 효과를 발휘하는지 관찰하도록 하는 것이었다.

그린은 자신의 팀이 린 방법의 작동 방식을 직접 보면 이를 병원 운영에 어떻게 도입할지 구상할 것이라고 생각했다. 모방과 동일시를 통해 학습한 다음 시행착오를 거쳐 자체 프로젝트를 추진하는 방안이었다. 그린은 자신이 구축하는 것이 기술 체계 못지않은 사회 체계임을 인식했으며 이 연수가 자신의 팀을 공유 학습(2단계 관계로 발전시키는 계기)에 참여시킬 기회라는 것도 간파했다.

그린은 최상층부에서 사업 지원을 결정하고 지속하도록 이 사회에 힘을 썼다. 이사들이 이 프로그램의 기술적 측면을 이해하고 승인하는 것만으로는 미흡하며 이사들 스스로가 통찰뿐만 아니라 돌아가는 상황에 대해 적극적인 관심을 품도록 개인적 학습 경험을 가져야 한다고 지적했다. 이사들은 연수에 동참하고 다른 참가자들과 함께 학습하면서 관계를 형성했으며 이를 통해 이사회는 체계의 필수 요소가 됐다.

그렇게 그린은 자신이 변화 과정 전반에 대해 배운 사실을 눈으로 확인했다. 많은 사업이 설령 성공을 거두더라도 중도에 흐지부지되는 이유는 이사회가 재구축 과정을 이해하지 못할 뿐만 아니라 사업이 난항을 겪으면 재깍 CEO를 갈아치우기 때문이다. 신임 CEO가 이미 진행된 사업에 대해 이해하지 못하거나 관심이 없으면 변화를 철회하거나 뒤집어 조직을 원점으로 되돌리고, 심지어 더 나쁜 상황으로 몰아넣을 수도 있다. 그러면 조직 내 관계가 1단계로 퇴행하거나 1단계에 머무르면서 관계자들은 협력이 아니라 내부 경쟁을 벌인다.

체계를 구현하고 더 나은 결과를 만들다

그린은 조직에 '새롭고 더 나은 것'을 무작정 강요할 수 없으며 협력의 결과로 도입해야 함을 알고 있었다. 그는 일본 연수가 끝나고 여러 부서 리더에게 업무를 어떻게 바꿀지 생각해보고 제안할 것을 요청했다. 제안이 승인되면 집단 구성원들은 개선 프로그램의 부서 간 일관성을 보장하기 위한 워크숍에 참여했다. 이 활동과 행사는 제안된 변화에 영향받을 될 모든 조직 구성원과 2단계 관계를 맺는 계기였으며 그들이 결정 사항을 이해하고 이행하는 데 일조했다.

극적인 변화 중 하나는 PNHC 암센터의 재설계였다. 목표는 암센터에서 일하는 의사와 직원들에게 초점을 맞추는 것뿐만 아니라 암센터를 **환자**에게 효과적이고 편안한 곳으로 만드는 것이었다. 이 계획에는 진단과 치료를 위해 환자들을 병원 여기저기로 보내는 것이 아니라 모든 진단 장비와 치료 설비를 한데 모으는 방안이 포함됐다. 참여자들은 목표 달성을 위한 방법을 탐구하다가 피부과 공간이 암센터에 안성맞춤이라는 사실을 알아차렸다. 좋은 계획이었지만 이를 위해서는 그린과 그의 팀이 공간을 내주도록 피부과를 설득해야 했다. 행정적으로 피부과 이전 결정을 내릴 수도 있었지만 그린은 이전 대상 직원들이 결정의 근거를 이해하고 지지하기를 바랐다. 이를 위해 그린과 그의 팀은 피부과가 이전할 새롭고 더 나은 공간을 피부과와 공동으로 마련했다. 이 과정에는 건물 설계팀과 새 공간에서 일하게 될 의사 및 의료진 사이에 상당한 관계 구축과 협력이 필요했다.

그린의 지도와 철두철미한 협력 방안 덕분에 PNHC는 몇 년에 걸쳐 많은 운영 방식을 뜯어고칠 수 있었다. 수술실은 더 즉각적인 진단과 효과적인 의사 배정을 통해 시간 낭비와 환자 불편을 대폭 감소시켰다. 1차 의료 시설도 재설계해 주요 기능을 한데 모으고 업무 흐름을 개선했다. 간호사와 환자의 상호작용 개선을 위해 간호사실을 병동 중앙에 배치하는 물리적 개편도 진행했다.

그린의 팀이 TPS 린 방법을 관찰해 직접 도출한 변화도 하나 있었다. PNHC는 새로운 환자 안전 경보 시스템(직원이 제품 결함을 발견하면 조립 라인을 멈추는 토요타 생산 방식을 의료에 적용한 것)을 채택했는데, 이 덕분에 의료진 누구든 문제를 발견하면 치료 절차를 중단하고 즉각 검토를 요청할 수 있었다. 환자 안전 경보가 발령되면 관련된 모든 팀원과 리더가 신속히 한자리에 모여 사안을 평가하고 어떤 조치를 취할지 결정했다. 이 방법을 통해서도 병원의 모든 구성원이 더 가까운 관계를 맺을 수 있었다.

개방성과 협력이라는 새 문화는 진단이나 치료에서 실수가 벌어졌을 때에도 요긴했다. 문제에 대해 허심탄회하게 소통하는 과정이 마련됐기에 책임자 색출이라는 관행으로 퇴행하지 않고 구조적인 원인을 찾아 바로잡을 수 있었다. 모두가 안전하게 발언하는 사회문화를 구축함으로써 PNHC는 실수를 곧잘 유발하는 복잡한 의사소통 절차를 찾아내고 향후 실수가 벌어지지 않도록 예방할 토대를 닦았다.

그린의 새 체계는 성공에 성공을 거듭했다. 보험 회사가 정형외과 치료비를 보장해주지 않는다는 불만이 제기됐을 때, 그린은 원인을 조사해 대부분의 정형외과 진료가 예비적 신속 진단을 거쳐 수술 의사에게 배정되며 이 과정에서 진료비가 급등한다는 사실을 알아냈다. 이런 사례의 90퍼센트가 치료 방법의 결정을 위해 준의사(PA)에게 되돌아간다는 사실도 밝혀졌다. 그린은 진료 접수 시부터 진단을 PA에게 맡겨 수술 의사 의뢰 횟수를 부쩍 줄였고 보험 회사에서 보장해주는 수준까지 진료비를 낮췄다. 게다가 수술 의사들이 더 중요한 수술에 시간을 할애하는 뜻밖의 소득도 있었다.

토요타 생산 방식이 혁명적인 결과를 가져옴을 인식한 진료과가 많아지고 이 덕분에 진료과 간 협력이 증가하자, 고위급 행정직과 의사들이 머리를 맞대고 병원 활동 전반에서 새롭고 더 나은 절차를 개발하고 실천 가능한 통일된 방안을 수립하기 시작했다. 시간이 지나자 직원들은 체계적인 상황적 겸손과 2단계 관계 맺기의 유익에 대한 사연을 일상적으로 공유했으며 이로부터 새로운 2단계 사회·기술문화가 생겨났다. PNHC는 이 활동들이 성공을 거두자 자사의 태도와 방법을 다른 의료법인에도 전파하기 시작했다.

배울 점: 구성원들의 직접 참여로 이뤄낸 2단계 관계 문화

PNHC 사례의 중요한 교훈은 거대 조직에서도 공감 형성이 가능하다는 것이다. 우리는 일관된 상황적 겸손이 몸에 밴 CEO가 어떻게 이사회와 고위급 임원을 필두로 조직 전체에 새로운 협약과 2단계 관계를 만들어내는지 보았다. 그런의 협약에서 주된 목표는 환자의 처우와 안전을 개선하기 위한 방안을 설계하는 것이었지만 환자의 처우가 개선되면서 의료진에게도 긍정적인 결과가 따랐다. 더 나아가 현장 방문이나 연수 같은 활동에 이사진을 일상적으로 동참시켜 체계가 어떻게 돌아가는지 보게 하면서 그들을 변화 프로그램에 참여시킬 수 있었고, 심지어 고위 경영진이 교체되는 상황에서도 새 체계의 안정적인 유지가 가능했다.

✅ 요약

이 장에서 보았듯 겸손한 리더십의 가장 놀랍고 뚜렷한 사례들은 조직설립 초창기에 나타난다. 신생 기업 DEC가 그런 사례였다. 하지만 도시국가 싱가포르나 PNHC 의료법인 같은 기존 조직도 새롭고 더 나은 운영 방식을 채택해 재창조를 모색함으로써 같은 성과를 거뒀다. 각각의 사례는 겸손한 리더십 가치를 문화에 불어넣어 성장과 개선을 위한 발판을 마련했음을 보여준다.

이 설립 과정을 좌우하는 인물은 상황적 겸손을 갖추고 '새롭고 더 나은' 무엇을 해야 하는지 확실히 알려고 노력하는 공식적인 리더다. 그들은 새롭고 더 나은 것에 대한 이상을 구현하기 위해 그 이상을 강화하고 심지어 함께 만들어갈 수 있도록 동료, 하급자, 고객과 관계를 맺는다.

이 장의 세 가지 사례 모두에서 창립자는 겸손한 리더십을 발휘한 덕에 의사결정 과정에서 전문가, 조력자, 관찰자("땅 위의 눈과 귀")에게 개방적인 태도를 취해 필수적 통찰을 얻을 수 있었다. 이것이 겸손한 리더십의 본질이다. 다른 팀원들을 참여시키고 그들의 통찰을 흡수하지 않으면 의미 있는 변화를 만들어낼 만큼 충분히 상황을 보거나 알 수 없다.

역사가들은 재계 성공 스토리를 돌아보면서 위대한 선각자를 강조하고 그들을 영웅으로 만드는 일이 비일비재하다. 하지만 다른 직원들을 팀의 일원으로 참여시켜 새롭고 더 나은 것을 구상하고 구현하게 하는 겸손한 리더십 실천에도 그만큼 주의를 기울여야 한다.

토론을 위한 질문

- 당신이 몸담았거나 겪어본 조직에서 일어난 주요 변화에 대해 생각해보자. 이를 서술하고 변화가 어떻게 일어났는지 떠올려보자. 당신이 관찰한 변화를 낳은 것은 어떤 종류의 리더십이었는가?

4
인식을 바꾸고 조직을 변혁하는 겸손한 리더십

겸손한 리더십은 규모가 크고 성숙한 조직에서도 방향과 단계에 관계없이 변화를 일으킬 수 있다. 3장에서 소개한 창업 및 부서 설립 사례와 규모가 크고 성숙한 조직의 핵심적 차이는 확고하게 자리 잡은 조직의 문화적 맥락이 훨씬 복잡하다는 것이다. 직간접적 관행이 겹겹이 쌓여 있으면 새롭고 더 나은 것을 발전시키려는 취지와 관계없이 문화의 영향을 받기 마련이다. 변혁은 창립자가 자신의 아이디어를 실현하기만 하면 되는 것이 아니라 성숙한 조직의 기존 문화를 계승하고 발전시키면서 추진돼야 한다.

확고하게 자리 잡은 조직의 기본 역량이 흔들리기 시작하면 보통 내부에서 새로운 리더를 발탁하거나 외부에서 영입해온다. 외부에서 영입된 '전문가'나 '구원자'는 기존 문화와 맞닥뜨리게 되는데, 그런 문화 중 일부는 화석화했거나 제 기능을 못할 가능성이 크다. 겸손한 리더십이 새로운 가능성을 인식하게 만들고 새롭고 더 나은 것을 추구하려는 의지를 북돋워 변혁을 밀어붙일 수 있는 때가 바로 이 시점이다. 이번 장에서는 겸손한 리더십이 사회적 개입을 통해 인식을 변화시키고 조직을 변혁한 긍정적인 세 가지 사례를 들여다볼 것이다.

사례 1: 위계질서를 타파한 해군 함장

위계질서는 조직생활의 구조적 측면이다. 하지만 서로 다른 층위 간에 실제로 일어나는 일들이 위계질서에 의해 저절로 규정되는 것은 아니다. 위계질서의 예로는 대학 교직원, 기업의 고위직과 하위직, 입법 기관의 수장과 그 밖의 중진 의원, 대규모 연구 프로젝트의 다양한 권한 수준, 그리고 의료 체계 내의 명확한 권한 수준 및 서열 등이 있다.

    2단계 관계와 가장 거리가 멀어 보이는 조직으로 군대를 들 수 있다. 군대 내 관계의 본질은 상명하복이다. 상명하복은 명령이 아무리 자의적이거나 무분별해 보이더라도 절대 복종해야 한다는 군 전통이다. 하급자들은 최상위 리더들이 조직에 필요한 것을 알고 있다는 전제하에 행동해야 한다. 하지만 집단의 이익을 위해 진실이 희생될 수 있음을 발견하고 상황적 겸손으로 명령에 불복종한 개인 영웅의 이야기도 많다.

    최근 불거지는 갈등에서 팀워크, 위계질서의 경계를 넘나드는 협력, 현장에서 결정을 내릴 권한의 중요성을 보여주는 사례들이 점점 늘고 있다.[15] 그렇다면 오늘날 군에서 '지휘통제'란 무엇이며 겸손한 리더십과는 어떤 관계일까? 실제 상황에 따라 다르지만 이 맥락에서의 위계적 관계는 -1단계에서 3단계까지 어느 단계든 될 수 있다. 다만 과업이 복잡하고 생사가 걸렸을 때는 적어도 2단계의 신뢰와 개방성을 갖춘 심리적으로 안전하고 협력적인 관계를 형성해야 한다.

    이 사례는 기강이 해이하고 효과가 거의 없으며 규정에 얽매

---

15 McChrystal, 2015; Fussell, 2017

이는 1단계 관계가 어떻게 기강이 바로 서고 효과적이며 자부심으로 충만한 2단계 관계로 변모하는지 그 과정에 초점을 맞춰서 보면 된다. 변화의 토대는 '기존 리더 → 추종자' 체계에서 새로운 '리더 → 리더' 체계로의 전환이다.[16] 이렇게 변화된 구조에서도 군의 위계질서는 여전히 작동했지만 누구도 추종자 역할에 고정되지 않았다. 누구든 자신의 지휘 영역에서는 리더가 됐다. 데이비드 마켓 함장이 들려준 이야기는 변혁이 그의 상황적 겸손과 핵심 하급자와의 2단계 관계 형성에 달려 있었음을 보여준다.

마켓이 새로 만난 승무원들과 관계를 맺는 방법은 대화를 나누며 여러 질문을 던지는 것이었다. 아직 새 함정에 친숙하지 않았던 그는 관심 있는 척하는 화술이 아닌 진심 어린 호기심으로 질문했다. 마켓은 상황을 파악한 뒤 자신의 첫 과제로 함정에서 가장 영향력 있는 사람들, 즉 부사관과 관계를 형성하는 것으로 정했다.

부사관들과 2단계 관계를 맺는 한 가지 방법은 회의를 소집해 그들의 관점에 대한 상황적 겸손을 보여주는 것이었다. "이 함정의 현실에 만족하나, 아니면 더 나은 방법을 도입하고 싶은가?" 같은 (저의를 드러내기 전에 던지는) 미끼 질문이나 시간 때우기용 대

---

[16] Marquet, 2012

화가 아니라, 마켓이 정말로 자신들의 생각을 듣고 싶어 한다는 것을 부사관들이 깨닫기까지 많은 대화와 교류가 필요했다. 마켓은 이렇게 썼다. "여느 때와 마찬가지로 내가 미리 답을 알지 못한다는 사실이 유리하게 작용했다. 각본이 정해진 회의에서 의견을 청하는 척하는 게 아니라 진솔한 대화를 나눌 수 있었다."[17]

승무원 집단은 상관의 '지휘통제'를 무작정 받아들이는 낡은 체계를 정당화하는 관행에서 벗어나야 했다. 그들은 낡은 체계에서 안전감을 느꼈지만 성취감은 느끼지 못했으며 이 때문에 사기가 저하되고 임무를 기계적으로 수행했다. 그렇긴 해도 다들 발전하고자 하는 내재적 의지가 있었기에 마켓의 제안에 화답했다. 어느 집단이든 잘 돌아갈 때에는 변혁이 필요하다는 사실을 받아들이지 못한다. 하지만 이곳은 그렇지 않았다. 부사관들은 마켓의 질문을 받고서 자신들이 현실에 만족하지 못한다는 데 동의했다.

마켓이 다음으로 꺼낸 질문은 현행 절차 중 간부들이 바꾸고 싶은 게 있냐는 것이었다. 여기서 눈여겨볼 점은 장교나 외부 감독관이 자신의 제안을 실행하라고 명령할 때와 반대로 마켓의 질문은 부사관들에게 훨씬 더 많은 권한을 부여했다는 것이다. 마켓의

---

[17] Marquet, 2012, p.170

질문은 순수한 호기심에서 비롯됐으며 그는 부사관들의 대답을 통해 새로운 사실을 알 수 있었다. 마켓 혼자서는 생각해내지 못했을 사안들이었다. 부사관들이 맨 먼저 바꾸고 싶어 한 것은 함정 위계질서의 일곱 단계 모두에게 승인받아야 하는 휴가 정책이었다. 이 때문에 업무 진행이 지연되기 일쑤였으며 가족과 시간을 보낼 계획을 짜기가 힘들었다.

그들은 휴가를 요청했을 때 직속 상관의 승인만 받게 해달라고 했다. 해군 규정에는 어긋났지만 마켓은 제안을 시도해보는 데 동의했다. 그는 자신이 규정을 어기는 개인적 위험을 감수하고 있음을 알았지만 한편으로 무의미한 규정과 관행을 무시하는 중요한 본보기를 세우고 있음을 깨달았다. 새 휴가 승인 체계는 효과가 있었으며 금세 부대의 사기를 끌어올렸다.

부사관들은 마켓의 격려에 힘입어 변화에 대한 아이디어가 있으면 제시해도 좋다는 사실을 알게 됐다. 갈등을 회피하고 스스로 행동하기보다는 명령을 기다리는 습관을 극복하기 위해 재빨리 개선점을 지목하고 변화 방안을 함장에게 제안했다. 그리고 변화에 집단적 의미가 있으면 실행하는 법을 배웠다.

마켓은 주도권을 발휘하는 태도를 강화하기 위해 상급자가 하급자에게 명령하는 엄격한 체계에 변화를 줬으며, 직속 하급자가

"상관님, 저는 ……(항로 변경, 가속 등)을 하고자 합니다"의 형식으로 제안하는 관행을 정착시켰다. 제안이 합리적이면 상관은 "좋네"라고 답했다. 마켓은 더 나아가 "허가를 요청합니다", "바라건대", "제가 무엇을 해야 하는지요?", "저희가 그렇게 해야 한다고 생각하십니까?", "이렇게 해도 되겠습니까?" 같은 위계질서 언어를 "……를 하고자 합니다", "제 계획은 ……", "저는 ……하겠습니다", "우리는 ……하겠습니다" 같은 언어로 대체할 것을 의무화했다.

이 훈련으로 병사들은 자신에게 더 큰 권한이 부여됐다고 느꼈으며 자신의 의도를 명시적으로 표현할 수 있었다. 복잡하고 논란의 여지가 있는 결정을 내려야 하는 상황에서도 마켓은 승무원들이 자신의 견해가 옳은 이유를 표명하면서 "……를 하고자 합니다"로 말을 끝맺도록 훈련시켰다. 그의 생각에 가정과 의도가 위험한 경우는 명시적으로 표현되지 않아 검증할 수 없을 때뿐이었다.

마켓의 체계는 효과를 발휘했지만 개선할 점이 하나 있다. "……를 하고자 합니다"는 지지나 승인을 요청하는 건설적 발언처럼 느껴지지만 "저는 ……하겠습니다" 같은 확고한 언어 표현은 단언으로 해석될 수 있다. 이는 지지나 승인을 얻고자 하는 의도가 없는 언어 행위로 비칠 우려가 있다. 두 표현은 매우 비슷하지만 하나는 본질적으로 권유와 협력을 지향하는 것처럼 보이는 반면에 다른 하나는 영웅주의적이고 개인주의적이다. 우리는 마켓이 협력적이고 이타적인 개입을 선호했다고 확신할 수 있다.

함정 부사관들은 자신의 지식을 행사하고 의견을 나누는 데 자신감이 생기면서 같은 권력을 직속 하급자에게도 선뜻 넘겨줬다. 그 덕분에 특수한 문제, 특히 상급자는 알지 못하는 문제를 진단하고 해결하는 법을 아는 사람들의 통제권과 영향력이 점점 커졌다. 승무원들은 상황적 겸손의 가치를 배웠을 뿐만 아니라, 더 많은 책임과 권한을 느끼면서 개선이 필요한 영역을 더 많이 발견하고 더 나은 일을 할 수 있는 방법도 발견했다. 어떤 면에서 그들 자신이 리더가 된 것이다. 이 사례는 겸손한 리더가 어떻게 겸손한 리더십을 확장할 수 있는지 보여준다.

마켓이 가져온 또 다른 변화를 보자. 이는 승무원들과 인간적 관계를 맺는 것과 연관이 있다. 마켓의 목표는 수병들에게 자신감을 불어넣는 것이었고, 그 방법으로 그들을 역할이 아닌 사람으로 대했다. 그가 제정한 새로운 행동 규칙은 승선자에 대한 인사법이었다. 인사하는 사람은 자신의 이름을 얘기하고 승선자의 이름을 부른 다음 이렇게 말한다. "배에 오른 것을 환영합니다." 마켓은 이름을 부르면 자부심을 불어넣을 수 있다고 생각했고 이를 지속하면 진짜 자부심을 느낄 것이라고 믿었다. 이 자부심은 역할(자신이 하는 일)에 대한 게 아니라 사람(자신이 누구인가)에 대한 것이었다. 계급과 무관하게 이름을 주고받는 행위가 이 공식의 중요한 요소였다.

마켓은 이 규칙을 알리기 위해 승무원 백 명을 소집해 계급에 따라 줄을 세웠다. 수병은 맨 뒤에 섰다. 그는 수병들이 자신의 말을 잘 알아듣지 못해 주의가 산만해진 것을 알아차리고는 그들에게 앞으로 나와 자기 주위에 둘러서라고 명령했다. 공식 절차를 명백히 위반한 조치였다. 하지만 이 조치로 지휘관이 한 사람 한 사람에게 메시지를 전달하고 싶어 하며 그들을 중요하게 여긴다는 사실을 말단 수병까지도 알게 됐다.

전통적 위계질서에서 하급자는 상급자와 형식적인 1단계 관계를 맺는 게 대체로 유리하다. 상사가 명령하는 일만 하는 것, 너무 골똘히 생각하거나 많은 책임을 지지 않아도 되는 게 일반적으로 더 안전하고 수월하기 때문이다. 하지만 이처럼 상급자가 2단계 연결을 시작하고, 그것도 전술적 교류가 아닌 진심으로 그렇게 한다면 조직을 변혁할 수 있다. 자신이 주목받고 있다고 느끼고 진지하게 대우받는다고 생각하는 하급자가 많아지기 때문이다. 마켓 함장의 잠수함 변혁은 주로 사회적 차원에서 추진됐다. 그가 기술적 기능과 흐름에도 변화를 줬을지는 모른다. 하지만 사회적 변혁으로 기술적 변화가 수월해지기는 해도 그 반대가 반드시 성립하지는 않음을 그는 처음부터 똑똑히 알고 있었다.

배울 점: 위계질서 내에도 2단계 관계가 존재할 수 있다

이 이야기에서 가장 중요한 교훈은 하향식 통제 체계를 권한 부여 체계로 변혁하기 위해 반드시 위계질서를 버릴 필요가 없다는 점이다. 필요한 것은 두 가지다. 하나는 조직의 운영 방식 개선이고 또 하나는 잘못 회피에서 벗어나 새롭고 더 나은 것을 의식적으로 추구하도록 구성원들을 일관되게 훈련할 마음가짐, 태도, 행동 요령을 갖춘 겸손한 리더다.

이 이야기에서는 변화 의욕을 불러일으키려면 인내, 끈기, 일관성이 필요하다는 것도 배울 수 있다. 마켓의 경우에는 기꺼이 위험을 감수하는 리더도 필요했다. 해군의 관례적 절차에 도전해야 했으니 말이다. 하지만 마켓이 위험을 감수한 덕분에 자신의 상관인 최고위급 장교조차도 (낡은 방식에 매달리고 혁신을 처벌하는 것이 아니라) 새로운 운영 방식을 환영한다는 사실을 발견했다.

또 다른 중요한 교훈은 이런 종류의 변화를 일으키려면 집단 관계를 관리하는 통찰과 기술이 필요하다는 것이다. 마켓의 이야기에서 회의 중에 어떻게 행동하느냐에 따라 사람들의 행동이 달라지고 결국 태도가 바뀐 사례를 수없이 볼 수 있다. 겸손한 리더십에는 집단이 어떻게 형성되고 행동하는지에 대한 지혜와 통찰도 포함된다. 이 주제는 5장에서 더 폭넓게 살펴볼 것이다.

사례 2: 공동 책임으로 구축한 공감과 2단계 관계 문화

멀티사는 산업용 화학 물질, 농업용 화학 물질, 의약품을 제조하는 국제적 기업이다.[18] 당시 이 회사는 열두 명의 사내 이사회가 운영하고 있었다. 이사회 의장이 명목상 CEO를 맡았지만 이사들은 리더십이 집단적으로 행사된다고 여겼으며 집단으로서 총체적 책임감을 느꼈다.

멀티는 다양한 인수와 합병을 통해 성장했으며 제품, 부문, 지역을 토대로 사업부를 나눴다. 사업부 수장들은 각자 자신의 담당 이사에게 보고했지만 집단 수준에서 리더십이 발휘되도록 이사들은 몇 년마다 돌아가면서 다른 사업부를 맡았다. 이 덕분에 각 리더는 사업의 모든 부문에 친숙해졌으며 다른 사업부나 기업 전체를

---

[18] Schein, E. H., 1985; Schein & Schein, 2018

희생시켜가며 특정 제품, 국가, 부문을 우대하는 유혹에 빠지지 않았다(3장에서 살펴본 싱가포르 정부도 비슷한 순환 체계를 채택했으며 우리는 DEC에서 내부 부족주의가 어떻게 문화를 타락시켰는지 보았다).

이사들이 의도적으로 공동 책임을 진 덕분에 까다로운 전략과 운영 결정을 놓고 허심탄회한 대화를 나눌 수 있었다. 이사회 수준에서 서로 신뢰하고 개방적인 관계를 맺으면 고도로 분사화된 다국적 조직에서도 '사일로'들이 협력하고 공동 책임을 지는 운영 절차 수립이 가능하다.

이런 리더십 구성을 통해 누구도 발언을 두려워하지 않는 풍토가 조성됐으며 리더들은 조직 내 구성원들에게, 특히 직속 하급자들에게 같은 가치를 전파했다. 이 과정에서 그들은 집단으로서 행동하는 법을 배우는 것이 유난히 힘든 과제임을 알았으며, 이를 위해 집단 중심 절차 컨설턴트를 채용해 효과적인 집단이 되는 법을 배웠다. 이사들은 시간을 할애해 자신들의 집단 과정을 자주 검토했고 실제로 리더십이 고루 분배되어 있음을 알고 만족했다. 그들은 리더십 책임을 공유하고 고위급 임원들을 각 사업부, 지리적 단위, 부문에 친숙해지도록 함으로써 개방적이고 신뢰하는 수준에서 조직의 문제를 해결해나갈 수 있었다.

그 정도의 공동 책임과 개방적이고 신뢰하는 2단계 관계를 맺기 위해서는 집단 규범을 구축하고 유지해야 하는데, 이 규범은 변혁 과정에 새로 참여하는 구성원들에게도 교육됐다. 이 방법을 보여준 한 가지 예는 연례 회의의 일환으로 실시된 반나절 팀 빌딩이었다. 임원, 관리자, 하위 직원을 아우르는 참가자 모두가 특출나게 잘하지 못하는 낯선 스포츠에 참여했는데, 그 덕분에 서로를 더 편안하고 인간적으로 대할 수 있었다. 행사를 마무리하면서 거나한 음주를 곁들인 비공식 만찬이 열렸다. 만찬은 공통 목표를 가진 한 회사의 모든 구성원이 동지 의식을 느낄 수 있는 분위기였다.

이사들이 보여준 '분산형' 버전의 겸손한 리더십은 몇십 년간 효과적으로 살아남았다. 그러다 업계의 대규모 변화로 인해 멀티는 몇몇 화학 제품군을 버리고 제약업에 집중하다가 결국 더 관례적으로 경영되는 다른 제약 회사에 합병됐다.

대량 정리 해고를 실시해야 했을 때 회사는 관리자와 직속 하급자의 2단계 관계를 활용했다. 이사회는 인사부서나 외부인이 해고 통지를 전달하는 방식은 비인간적이라고 여겨 각 직원의 직속 상급자에게 전달 임무를 맡겼다. 이와 더불어 해고 대상 직원들에게 조기 퇴직, 시간제 근무, 특별 계약상 컨설팅 제공, 다양한 훈련 프로그램, 진로 상담, 너그러운 퇴직 조건 등의 선택지를 제시했다. 해고 대상 직원들은 심각한 타격을 입게 된 한 인간으로서 대우받았다. 이 과정은 매우 고통스러웠지만 공정함에 있어 신뢰를 확보할 수 있었다. 바로 **인간미를 불어넣은** 덕분이었다. 멀티는 업계의 긍정적 평가에 자부심을 느꼈다. 경쟁사가 비인간적인 정리 해고를 일삼다 추문과 소송에 휘말렸기에 더더욱 그랬다.

배울 점: 조직의 목표와 역할을 모두가 이해한다는 것

개인적이고 집단적인 과정을 이용해 큰 조직을 관리하는 일은 가능하다. 그 과정이 얼마나 편안하고 자연스럽게 느껴지는가는 폭넓은 문화적 맥락에 따라, 사내 문화가 집단주의적 관리에 치우치는지 아니면 협력적 관리에 치우치는지에 따라 달라진다. 멀티는 스위스 기업이었으며 스위스의 문화적 가치가 상당수 반영되어 있었다. 겸손한 리더십이 쓰이는 다른 조직들도 마찬가지로 그 사회 전반의 문화가 반영되어 있을 것이다. 조직의 창립과 운영이 바로 그 문화 안에서 이뤄지기 때문이다.

멀티에서 배울 수 있는 또 다른 핵심 교훈은 조직의 모든 최고위 구성원들이 조직의 목표와 역할을 온전히 이해해야 한다는 것이다. 최고위 구성원들이 다양한 단위를 체계적으로 순환하면 이 가치가 공고화되고 각 단위에 공감하게 된다. 모두가 집단적 목표를 위해 노력하고 회사의 모든 부분에 애정을 품으며 2단계 관계를 맺으면 설령 치열한 의견 대립이 있더라도 중요한 전략적 결정에 도달하게 된다. 개방적이고 협력적인 분위기에서 대화를 나눌 수 있기 때문이다.

사례 3: 조직의 이미지와 문화를 바꾸는 리더십

알파 컴퍼니는 미국 대도시에 전기, 가스, 난방을 공급했다.[19] 이 회사는 1990년대에 지방 정부와 분쟁에 휘말렸다. 사고로 석면이 유출됐을 때 거짓말을 하고 일부 결과를 감췄기 때문이다. 알파는 보호관찰 처분을 받았고 법원에서 임명한 감독관은 대규모 환경 규제 위반을 제대로 시정하는지 확인한다는 명목으로 회사의 모든 활동을 송두리째 들여다볼 수 있었다. 회사가 지역 사회의 신뢰를 되찾으려면 스스로 변혁해야 했다.

알파의 신임 이사회 의장인 조앤 윌리스는 지역 자연사 박물

---

[19] Schein & Schein, 2019

관 관장이기도 했다. 윌리스는 알파가 지방 정부와 화해해야 할 뿐만 아니라 오만한 전력 회사 이미지를 벗고 사회적 책임을 지는 지역 사회의 일원으로 탈바꿈돼야 한다고 생각했다. 윌리스와 알파 CEO는 사회적 책임을 다하는 환경보건안전 프로그램을 중심으로 회사의 새 이미지를 구축하기로 했고 이 프로그램이 지역민과 알파 직원 모두에게 유익할 것이라고 생각했다.

알파가 변혁을 시작했을 때만 해도 실추된 회사 이미지(보호관찰을 받게 됐다는 낙인을 포함)를 복원하고 위기를 초래한 사고들(직원과 시민에게 부상을 입히고 환경을 오염시킨 사고들)을 줄이려는 고위급의 일사불란한 노력은 전혀 찾아볼 수 없었다.

변화 프로그램은 윌리스와 CEO가 훨씬 강력한 지식 기반, 특히 환경 관련 사안을 중심으로 하는 지식 기반이 필요함을 인식하면서 시작됐다. 두 사람은 이사회 소위원회와 CEO에게 직접 보고하는 특별 환경보건안전위원회를 설립했다. 그와 더불어 경험 많은 환경 변호사 두 명과 조직문화 전문가 한 명을 컨설턴트로 영입했다. 판사는 알파에 대한 공소장에서 알파의 **문화가 '문제의 일부'**임을 명시적으로 지적했다(미국의 공소장은 판사가 소집한 대배심에서 기소를 결정해 법원에 제출하는 서류다-옮긴이). 신임 환경보건안전 부사장의 직속으로 일하게 된 세 명의 컨설턴트는 환경질검토위원회EQRB라는 그룹으로 공식 임명됐다. 이 그룹은 새롭고 더 나은 이미지와 개선된 환경보건안전 실적(사고 및 환경 피해 저감)을 추진할 권한을 부여받았다.

경영진과 노조의 2단계 관계 맺기

알파에서 시작된 문화 변혁 프로그램의 여러 요소는 EQRB가 겸손한 리더십 촉매로 작용한 결과였다. 첫 단계로 그룹 내에서 개방성과 신뢰를 구축하고 새로운 활동, 위원회, 정보 수집 절차를 어떻게 설계하고 구현할지 검토하기 위해 회의를 진행했다.

이 '서로 알아가기' 과정에서 EQRB는 1) 환경 문제와 법적 사안, 2) 조직문화 변화를 관리하는 방법에 대한 통찰, 3) 알파의 문화가 그동안 어떻게 발전했는지에 대한 집단적 기억과 반성 등에 대한 정보를 공유했다. 그룹은 상황적 겸손의 중요성을 단번에 깨달았다. 환경과 안전 영역 둘 다에서 사고, 석유 유출, 독성 화학물질 및 가스 누출, 그 밖의 유사 사고가 언제 어디서든 일어날 수 있음이 분명했기 때문이다. 이는 전 직원이 모든 수준에서 눈과 귀를 열고 있어야 한다는 뜻이었다. 어떤 '실수가 저질러졌는지'(책임 회피를 뜻한다-옮긴이) 뒤늦게 밝혀내면서 현장 노동자만 조사하는 식으로는 미흡했다.

무엇보다 필요한 조치는 새 환경보건안전위원회에 고위급 임원과 노조원을 포함시키는 것이었다. 노동조합은 알파 현장 인력의 대부분을 대변했으며 노동자의 건강에 영향을 미치는 환경보건안전 문제를 오랫동안 협상 수단으로 '활용'했다. 위계질서를 아울러 환경보건안전 문제에 대해 허심탄회한 소통과 신뢰를 구축하기 위해서는 두 집단이 함께 노력해야 했다. EQRB는 환경보건안전위원회 위원장으로 환경보건안전 부사장을 임명하고 알파 COO, 주요 부서 및 직능 책임자, EQRB, 노조 간부 두 명 이상을 포함할 것을 제안했다.

환경보건안전 프로그램 복원의 핵심은 부서와 위계질서를 아우르는 소통의 개방성과 높은 신뢰였다. 업무적이고 직업적 거리를 두는 관계가 지속된다면 개방성과 신뢰를 구축하기 힘들 것은 분명했다. 참가자들은 변혁에 필요한 새롭고 더 나은 프로그램, 과정, 교육 활동 논의뿐만 아니라 개인 차원에서 서로 알아가기 위해 자주 만나 오랜 시간 대화했다.

경계를 넘나드는 개방적인 소통으로 얻은 것

환경보건안전위원회 스무 명은 여러 차례 회의를 한 뒤에야 자기 부서의 업무 대표자에서 벗어나 환경보건안전과 관련해 공유되는 중요 사안을 찾아내고 대처하는 협력적 팀으로 느릿느릿 변모했다. 신뢰와 개방성이 커지면서 눈에 띄는 조직변화가 제안되고 논의됐으며 채택됐다. 이를테면 노조 대표가 회의에서 상식선에서 예측 가능하게 행동하자 고위 경영진은 노조원들을 다른 분야에도 더 깊이 참여시키는 것이 유익함을 깨달았다. 사고가 일어났을 때 노조원들은 왜 사고가 발생했고 향후 어떤 변화가 필요한지 분석하는 데 관여할 뿐만 아니라 전문가로서 위원회에 분석과 해결 방안을 발표할 수 있게 됐다. 노조원들이 고위 임원진에게 발표한다는 발상은 새롭고 더 나은 운영 방식으로 채택됐다. 이는 정보를 훨씬 포괄적으로 공유함으로써 안전 관련 절차가 개선됐을 뿐만 아니라 위계질서 간에 더 나은 관계가 구축됐기 때문이다.

환경보건안전위원회 내의 관계가 점차 편안해지면서 위원들은 선뜻 관계 진전을 제안했고 문화는 계속해서 개선됐다. 이 새로운 분위기가 가져온 극적인 변화 중 하나는 한 달에 한 번씩 대강당에서 두 시간 동안 오찬을 하기로 합의한 것이었다. 오찬에는 부서 및 직능별로 대여섯 팀이 참석했는데, 팀마다 보건안전 분야의 최근 혁신을 발표했다. 팀원 다섯 명 중에는 수석 관리자와 노조원이 포함됐다.

처음 한 시간 동안은 식탁마다 너덧 명씩 무작위로 배정되어 점심을 먹었다. 서로를 더 잘 알 수 있도록 하기 위한 조치였다. 점심을 먹고 나면 식탁을 물리고 마주 보도록 큰 원으로 둘러앉았다. COO는 참석자들에게 이름과 직능 순으로 자기소개를 시켰으며 그런 다음 팀별로 성과에 대해 10분간 발표한 뒤 문답과 일반 토론, 논평을 이어갔다. 놀라운 점은 오찬을 통해 자신의 집단에 즉각 채택할 수 있는 게 얼마나 많은지와 노조 대표가 얼마나 인상적인지 무척 많은 사람이 언급했다는 것이다. 고위 경영진은 회사의 기술 부서들(전기, 가스, 난방) 사이에 서로 알려줘야 할 게 많으며 일선 노동자들이 얼마나 많은 지식을 가졌는지 이제야 깨달았다.

환경보건안전위원회 내부에서 일어난 더욱 중요한 변화는 징계 절차에 대한 진솔한 대화였다. 전통적으로 징계 절차는 사고와 유출의 책임 소재를 찾는 데 치중했다("비판문화"). 하지만 새로운 관점을 도입한 덕분에 **구조적이고 기술적인 문제**가 사고와 유출의 근본 원인임을 깨달았고 더 창의적으로 분석할 수 있었다.

이렇게 위원회 분위기가 새로워지자 상황적 겸손 원칙에 따라 직원이 왜 규칙을 어겼는지 찾아내는 방향으로 징계 절차가 변했다. 일례로 한 직원이 위험한 전기 수리 작업을 하면서 보안경을 쓰지 않았다는 이유로 해고당했는데, 평판 좋고 숙련된 직원이 왜 가장 중요한 규칙을 정면으로 위반했는지 시간을 들여 조사했더니

그날 습도가 너무 높아서 마지막 용접 순간 보안경에 김이 서려 앞이 전혀 보이지 않았음이 밝혀졌다. 만일 보안경을 쓰고 있었다면 직원은 더 위험한 상황에 처했을 것이다. 이 정보가 밝혀지자 상황적 겸손의 취지에 맞게 직원의 해고가 취소됐고 최근 신설된 태스크포스에 참여를 요청받았다. 태스크포스는 습도가 극단적으로 높아져도 김이 덜 서리는 보안경을 공급할 업체를 찾을 권한을 부여받았다. 환경보건안전 관행을 사려 깊게 조사한 결과로 새롭고 더 나은 기술이 도입된 것이다. 메시지는 분명했다. 고위 경영진은 현장 인력에게 귀를 열었으며, 문제가 생겼을 때 위계질서에 기대 처벌하지 않고 창의적인 해결책을 찾으려 했다.

위계질서를 아우르는 개방적이고 신뢰하는 소통 확립을 위해 환경보건안전 리더들은 외부 컨설턴트에게 노조원 일부를 포커스 그룹으로 선정해 정기적인 인터뷰 시행을 요청했다(대상자는 무작위로 선발했다). 인터뷰에서는 새 프로그램이 효과적으로 작동하는지에 대한 중요한 피드백을 얻었다. 이를테면 직원이 안전이나 환경 관련 문제를 목격했을 때 작업을 중단시키도록 허용하고 장려하는 '타임아웃' 제도가 각광을 받았지만 최고 경영진이 어느 집단이나 부서가 타임아웃을 가장 많이 실시하는지 정보를 번번이 요구하면 제도가 훼손될 수 있음이 드러났다. 중간 관리자가 부서장에게 "왜 당신 부서에서 타임아웃을 그렇게 많이 부른 거죠?"라고 질문했을 때 부서장이 직원들에게 타임아웃을 **자제하도록** 압력을 넣어 제도의 취지를 무력화한 것은 놀랄 일이 아니다.

포커스 그룹에서 제기된 일화들은 회사가 기능 장애를 앓고 있음을 똑똑히 보여줬다. 컨설턴트들은 고위 경영진에게 전통적 수치를 기반으로 한 통제 수단을 폐기하고 재무와 일정보다는 안전과 환경에 중점을 두는 프로그램 개발을 권고했다. 알파는 '옴부즈맨' 직위를 신설했으며 직원의 정당한 타임아웃이 부서장에게 묵살당했을 때 신고할 수 있도록 비밀 상담 전화를 개설했다.

배울 점: 공감과 협력을 이끌어낸 꾸준한 노력

알파에서 배울 수 있는 겸손한 리더십 교훈 중 가장 중요한 것은 환경보건안전위원회가 그 자체로 2단계 관계 집단이 되어 노조 대표를 포함해 내부에서 변화와 혁신을 허심탄회하게 논의했다는 점이다. 이 논의에 EQRB 컨설턴트들의 조력이 접목되자 보건안전 관행을 개선하기 위한 아이디어가 쏟아져나왔다. 위원회 내에서 노조원과 관리자들이 함께 제시하고 결정한 아이디어들은 실행할 수 있고 실행해야만 하는 최상의 해결책들이었다.

알파는 컨설턴트를 비롯한 다양한 구성원과 더 자주 더 오래

만남으로써 의도적으로 관계를 다졌는데, 이는 다양한 사일로 구성원이 서로 대화하고 귀 기울이도록 하는 데 필요한 단계였다. 소통이 무산되거나 사람들이 남들이 하는 말을 온전히 이해하지 못할 경우에는 적극적 조력의 형태로 직접 개입하기도 했다. 상호 공감과 심리적으로 안전한 환경을 확립한 덕분에 알파는 위계질서를 망라해 개방성과 신뢰를 북돋울 수 있었다.

여기서 가장 중요한 교훈은 조직이 전통적 1단계 업무적 관계에서 벗어나 서로 알아가고 공통의 정체성을 형성하는 2단계 관계를 맺으려고 노력하면 오래된 기존 조직 내에서도 커다란 변혁을 일으킬 수 있다.

EQRB는 약 15년간 활동했는데, 그러자 알파에서 더는 EQRB가 공식 기구로 필요하지 않을 만큼 많은 직원이 상황적 겸손을 체득하고 내부적 2단계 관계를 구축했다. 관행은 자체 동력으로 움직이기 시작했으며 개선된 환경 책임, 안전, 직원 건강을 유지하기 위한 구체적 사안의 해결을 위해 신규 촉진자들이 영입됐다.

✓ 요약

크고 성숙한 조직에서 겸손한 리더십을 발휘하기 힘든 이유는 새롭고 더 나은 것이 애초에 조직에 성공을 가져다준 사회·기술적 관행과 대비되기 때문이다. 특히 조직에 오래 몸담은 구성원들이 기존 체계가 '양호하다'고 늘 생각했다면 변화 시도에 미적거릴 수도 있다. 조직이 이미 시장 변화 같은 외부적 난관을 맞닥뜨리고 있는 상황에서는 겸손한 리더십을 실천하는 것이 부담스럽게 느껴질 것이다. 이런 상황에서는 겸손한 리더십을 '사랑의 매'로 여길 수 있다. 겸손한 리더십은 변화 과정은 힘들지만 받아들일 것을 요구하면서 새롭고 더 나은 것을 향한 내부 변혁(외부 요인에 의해 강요당하는 것이 아닌 우리가 함께 규정한 변혁)이 결국은 성과를 거두고 모두에게 유익할 것이라고 약속한다.

이 장의 사례들에서 보듯 겸손한 리더십을 구현하는 일은 새로운 전략, 조직설계, 절차를 개발해야 하는 기술문화나 협력, 진솔한 소통, 더 높은 신뢰의 중요성을 중심으로 새로운 문화 규범을 도입하는 일이기 때문에 기존에 '안정을 가져다주던' 위계질서의 형태를 변화시켜야 하는 사회문화에서는 유독 파격적으로 느껴질 수도 있다.

토론을 위한 질문

- 그동안 몸담은 조직에 대해 생각해보자. 당신이 책임자였다면 개선할 수 있었을 절차로는 어떤 것이 있는가?

- 당신이 떠올린 절차가 실현되지 않은 이유를 다른 사람들과 논의해보자. 절차를 개선하기 위해 실제로 필요한 것은 무엇이었겠는가?

- 조직의 기존 위계질서가 당신이 구상하는 변혁에 어떤 제약을 가하는지 생각해보자. 상황적 겸손과 2단계 관계의 특징인 개방성 및 신뢰로 효과를 어떻게 증진할 수 있겠는가?

5
겸손한 리더십과 집단역학

앞의 사례에서는 상황적 겸손을 리더들이 어떻게 체득했는지 살펴봤다. 또 대부분의 경우, 관리자 집단 내에서 2단계 관계를 활용하는 능력이 성공을 좌우했음을 알게 됐다.

리더들이 집단과 대화를 나눈 후 동기를 부여하고 경험을 전수해 그들을 고성과자팀으로 탈바꿈시키는 과정은 경이롭다. 이번 장에서는 새롭고 더 나은 것을 달성하고자 할 때 집단역학의 역할에 대한 이해와 수용이 얼마나 중요한지 들여다볼 것이다.

집단의 상호작용과 경험 학습이 만드는 변화

개인, 그리고 집단 과정 측면에서 생각하고 관리하는 법을 학습하는 것은 겸손한 리더십의 기초적 요소다. 과업을 성공적으로 수행하는 데 있어 **과정**이 필수적인 상황임을 더 잘 이해하려면 조직 바깥으로 눈을 돌려 공연예술을 살펴보면 된다. 이 새로운 관점은 **총체적 체계 성과**나 **효과적 적응 학습** 같은 정성적 기준을 포함하고 '성공'이나 '승리'의 기준을 넓히는 데에도 유익하다. 정량적 측정에 초점을 맞추는 전통적 방식은 많은 조직의 단순한 기계 모델에 들어맞지만, 조직이 유기적이고 체계적으로 바뀔수록 업무의 복잡성에 알맞은 새로운 (때로는 정서적인) 기준을 결과 평가에 접목해야 한다.

리더십과 집단역학의 연계는 새로운 것이 아니다. 조직을 연구하는 사회심리학자들은 집단관계가 얼마나 강력한지, 그리고 직원들이 혼자가 아니라 함께 일할 때 얼마나 많은 성과를 거두는지 일찌감치 알아차렸다. 집단 동기 부여의 위력은 여러 실험에서 확고하게 입증됐다. 이에 따르면 집단의 에너지와 동기를 키우는 최선의 방법은 다른 집단과 경쟁시키는 것이다.

여러 과업과 맥락 상황에서 집단에 미치는 긍정적 효과와 부정적 효과 중 상당수는 인간관계 개선을 위한 워크숍에서 경쟁에 초점을 두고 연습과 역할 연기를 실시할 때 쉽게 재현된다. 하지만 집단역학관계를 연구하면서 **동기**를 개선하는 방법에 치중한 초창기 선구자들은 개인이 **자신의 집단** 내에서 승리하려는 동기를 느낄 때 부정적 결과가 생길 수 있음을 간파하지 못했다.

집단이 다른 집단에 승리하려는 집합적 욕구는 전체주의적 행동으로 이어지기도 한다. 구성원들이 불필요하게 '독촉'하거나, 반대 의견을 묵살하거나, 더 나은 결과를 위한다는 명분으로 집단 내의 다양한 목소리에 귀 기울이자는 의견을 깔아뭉갤 때 이런 현상이 나타난다. 경쟁 상황에서는 1단계 업무적 관계 행동이 곧잘 나타나며 심지어 집단의 일부 구성원이 경쟁 집단을 물리치기 위해 나머지 구성원을 지배하는 -1단계 관계 행동이 나타나기도 한다.

물론 내부적 집단역학관계에는 긍정적 특징도 많다. 여기에 관심을 불러일으킨 것은 사회학자 쿠르트 레빈의 이론과 실험으로, 그는 1945년 MIT에서 집단역학연구소를 설립하고 박사 과정을 개설했다. 레빈은 **피험자**를 연구 과정에 참여시키는 것이 유익하다는 심오한 발견을 했다. 이 개념은 그 뒤 '액션 리서치[action research]'로 알려지게 된다. 집단 구성원은 연구 과정에 참여하면서 깊은 개인적 학습 경험을 얻었다. 지식을 만들어내는 과정은 탐구 대상인 문제, 특히 교육 분야의 문제에 해당 지식을 즉각적으로 적용하는 행위와 확고하게 연결됐다. 이 개념은 오늘날 '경험 학습 experiential learning'이라는 이름으로 흔히 만날 수 있다.

이 통찰은 학습 과정 자체에 대한 연구로 이어졌다. 전통적 교실에서 교사는 학생들에게 그들이 배워야 할 것을 가르친다. 경험 학습을 실천하는 교실에서는 학생들이 학습의 1차 책임을 맡으며 교사의 역할은 학습 환경과 도구를 제공하는 데 한정된다. 수업 계획서나 강의, 강독은 제공할 수도, 하지 않을 수도 있다. 자연과학과 공학에서는 분명히 한계가 있을 테지만 다른 과목에서는 효과를 거둘 가능성이 높다. 이 방법은 주어진 과업을 성공적으로 달성하기 위해 어떻게 해야 하는지 결정할 때 관계, 집단, 문화가 어떤 통합적 역할을 하는지 밝혀내기 위한 핵심인지도 모른다.

레빈의 연구에서 드러났듯 교사가 '말하지' 않고 촉진자 역할을 맡아 학생들에게 실시간 경험과 분석 권한을 주면 집단 및 개인 간 역학에 대한 교수와 학습을 부쩍 향상시킬 수 있다. 레빈은 학습을 함께 만들어가는 이 과정을 발전시키기 위해 1947년 국립집단계발훈련연구소 National Training Laboratories for Group Development를 설립했다. 메인주 베설에 자리 잡은 이 연구소에서는 T 그룹(훈련 그룹

training group) 방식을 도입해 리더십과 집단역학 관련 인간관계를 연구의 중심으로 삼았다.

오늘날 조직개발 organization development 이라고 불리는 분야는 '감수성 훈련 sensitivity training'이라는 분야와 더불어 이 초기 실험에서 탄생했다. 참가자와 촉진자는 서로 협력하면서 조직 내의 집단 사이에서 일어나는 사건을 이해하려면 **집단 과정의 체계적 분석**이 필요하다는 것을 학습했다. 여러 인간관계 연구소에서 집단을 구성해 모의 공동체나 경쟁 연습 상황에서 서로 상호작용하도록 했더니 '부족'이 (종종 며칠 안에) 결성되고 금세 역기능적 경쟁이 벌어졌다.

T 그룹 참가자들이 학습 과정을 함께 만들어가는 것과 마찬가지로 외부 전문가가 아닌 집단의 회의 소집자와 구성원도 조직, 집단, 팀의 설계를 함께 만들 수 있었다. 연구자들은 겸손한 리더십의 실천이 집단의 업무 수행 효과를 키우는 것과 관계가 있음을 매일같이 목격했다. 우리는 집단 내에서 변화를 관리하고 문제를 해결하며 조직의 병폐를 치유하려 할 때, 참가자들로 하여금 집단 과정을 자각하고 모의 상황에서나 집단 과정 가시화 연습을 통해 성찰하고 분석하도록 하면 더 큰 성공을 거둘 수 있음을 알게 됐다.

이 연구들에서 조직개발, 변화 관리, 리더십 실천은 본질상 매우 사회·기술적이었는데, **사회적 요소**는 참가자들 사이의 대화,

그들이 맺어가는 관계, 집단 간 상호작용에서 똑똑히 드러났다. 집단의 과업, 목표, 사명, 존재 이유는 으레 **기술적 문화**의 일부로 간주되지만 그 목표를 **어떻게** 달성하고 얼마나 훌륭히 실행하는지는 주로 **사회적** 과정에 좌우된다. 이 장에서는 겸손한 리더십의 사회적 측면이 다양한 조직 변화 사례에서 어떻게 (종종 미묘하게) 강화되는지 초점을 맞춘다.

사례 1: 부서 간 협력을 이끌어내는 관찰

자동차 회사였던 사브의 기술 부문인 사브 콤비테크는 여섯 개의 연구 단위로 이뤄졌으며, 각 단위는 회사의 다른 부문을 위해 일했다. CEO는 연구 팀의 수장들이 독립 단위로서 희소 자원을 놓고 경쟁하는 게 아니라 협력의 잠재력을 인식할 수 있도록 과정 컨설턴트를 영입했다. 컨설턴트와 CEO는 여섯 단위의 최고임원을 위한 사흘간의 3부 과정 워크숍을 공동으로 설계했다.

컨설턴트는 1부에서 문화의 개념을 설명하고 임원들에게 자신의 업무와 관계된 문화적 요소들을 해독하는 방법을 알려줬다. 그런 다음 팀마다 두 명을 '조사원'으로 지목했다. 그들은 2부에서 상대 팀에 들어가 서로의 문화를 배웠으며 3부에서는 자신들이 발견한 것을 모두에게 보고했다. 그러자 참가자들은 사회·기술문화 요소들이 어떻게 서로를 보완하며 부문 간 협력을 증진하는 토대가 되는지 집단으로 논의할 수 있었다. 문화라는 렌즈를 통해 서로를 관찰하고 자신이 관찰한 것에 대해 이야기를 나누자 전혀 다른 종류의 2단계 관계 대화를 할 수 있었으며 이는 여러 새로운 형태의 협력으로 이어졌다. 이 연습 덕분에 연구 단위 임원들은 각 부문이 서로 의존하고 있음을 실감했고 이전에는 생각하지 못한 방식으로 서로를 지원할 수 있음을 깨달았다.

배울 점: 관찰을 통한 상호공감대 형성

이 사례에서 보듯 사일로 구성원들이 상대 조직을 ('조사원'으로서) 알아가고 이를 통해 상호의존성과 공통의 업무 과정을 발견하면 사일로들 사이의 업무적인 1단계 관계(무감)를 '치유'할 수 있다. CEO와 연구 단위 임원들이 함께 만들어낸 설계를 통해 서로 다른 사일로의 구성원은 상대 업무 단위에 대해 공감하게 됐다.

CEO는 여섯 단위의 핵심 구성원들이 서로를 알아가고 2단계 관계를 맺길 바랐지만, 단순히 한 집단으로서 협력하는 것에 앞서 우선 관찰하는 법을 가르치는 게 더 효과적인 연습 방법이라고 생각했다. 여러 사일로를 아울러 시너지 효과를 내는 법을 배우는 것이 암묵적 목표라고 했을 때 "서로의 문화를 들여다봅시다"는 훌륭한 표어였다. 다른 집단을 관찰하고 분석하는 법을 배우는 것은 새롭고 귀중한 능력이었다.

사례 2: 원칙과 절차보다 중요한 것

4장의 '사례 1'에서는 마켓 함장이 위계질서를 훼손하지 않고 어떻게 잠수함의 집단 과정을 변화시켰는지 살펴봤다. 이번에는 퇴역한 미 해군 제독에게서 들은 또 다른 극적인 사례를 소개하고자 한다. 그는 우리에게 상황적 겸손의 중요성을 빠르고 확고하게 강조했던 사연을 들려줬다.

당시 제독은 미 해군 핵추진 항공모함을 지휘하고 있었다. 그는 사실상 5천 명이 함께 근무하는 조직의 CEO였으며 그의 최우선 과제는 승무원들의 안전과 높은 성과였다. 핵과학자와 해군 비행사로서의 경험, 실무 지식 덕분에 임무의 기술적 측면에 남달리 안성맞춤이었지만 이 이야기에서 우리가 주목할 것은 그의 겸손한 리더로서의 본능이다.

어느 날 비행갑판에서 사고가 벌어졌다. 비행갑판에서 항공기 이착륙에 중요한 굄목과 체인을 잘못 다루면 목숨이 위험해지거나 매우 귀중한 항공기를 잃게 되는데, 사고 원인은 비행갑판 담당자의 오조작이었다.

통상적인 해군 위계질서와 업무 처리 절차에 따르면 이 실수는 기록되고 보고되며 교정돼야 했다. 또한 비행갑판 담당자는 그에 해당하는 견책과 징계를 받아야 했다. 제독은 실수가 항공모함 비행갑판 운용의 정상적 범주를 벗어나지 않았다고 말했다. 복잡한 일은 일어나기 마련이며 미 해군은 이런 사고에 대처하는 조직적인 차원의 지식을 수백 년간 축적해뒀다. 사령관은 위계질서를 통해 문제에 대처하고 해결할 수도 있었지만 그러지 않았다.

그는 비행갑판 담당자를 막사로 불러 단둘이 사고에 대해 논의했다. 조종사이기도 한 그는 갑판과 항공기 운용의 정교한 세부사항이 항공모함의 임무와 승무원의 안전에 얼마나 중요한지 알고 있었다. 그렇기 때문에 무슨 일이 왜 일어났는지, 재발하지 않으려면 어떻게 해야 하는지 담당 병사에게 직접 듣고 싶었다. 더 심층적인 차원에서 보면 그의 관심사는 담당 병사를 징계하는 게 아닌 진실과 과정이었다. 징계는 시스템에 맡기면 될 일이었다.

면담 분위기는 어땠을까? 하급자인 갑판 담당자는 겁에 질렸을까, 치욕스러웠을까, 후회스러웠을까, 체념했을까? 갑판 담당자가 이 모든 감정을 느꼈다면 사령관이 어떻게 사건의 진실에 도달할 수 있었겠는가? 제독은 대화의 초점을 무슨 일이 왜 일어났는지 진상을 알고 싶은 **자신의 호기심에 맞춤으로써** 갑판 담당자에게 신속히 심리적 안전감을 심어줬다고 말했다. 이를 위해 면담은 처벌이 아니라 상황 파악을 위한 것임을 분명히 밝혔다. 두 사람의 공유된 목표는 초급 수병의 잘못을 견책하는 것이 아니라 앞으로 더 잘하겠다는 각오였다.

견책은 위계질서에 대한 헌신을 강화했을 테지만 사령관으로서 제독의 관심사는 과업, 안전, 성과 수준에 대한 헌신을 이끌어내는 것이었다. 면담을 소집해 비판과 처벌보다는 사람 자체와 자세하고 진실된 대화에 초점을 맞추겠다는 의도를 표명함으로써 그는 항공모함 승무원들의 목숨을 구하는(또는 희생시킬 수도 있는) 과정을 개선하려는 각오를 다졌다. 명확하고 인간적인 양방향 대화를 나눈다면 최고위급 리더와 최하급 수병조차도 일체감을 형성하고 서로에게서 배우려는 의지를 표현할 수 있다.

배울 점: 조직의 개방성과 신뢰를 만드는 리더십

제독은 훗날 핵발전운전협회Institute of Nuclear Power Operations, INPO CEO가 됐다. 이 기관은 미국 내 백여 기의 핵발전소가 미국원자력규제위원회의 승인 기준을 통과할 수 있도록 원자력 업계에서 설립한 훈련 및 컨설팅 조직이다. 에드거 샤인은 자문위원회의 일원으로 매달 고위 경영진과 만나 INPO 조사와 훈련 작업 효과를 극대화하는 방법을 조언했다.

회의를 하다 보니 제독이 발전소를 방문하고, 분석하고, 개선 방안을 제시하는 INPO 직원들의 개인·집단적 능력을 함양시키는 데 전념하고 있는 게 보였다. 그와 전임자들은 INPO의 임무가 겉보기에는 기술적인 것 같지만 실제로는 무척 **사회**·기술적임을 충분히 이해하고 있었다. 핵발전소를 안전하게 운용하려면 기술적 성능과 설계뿐만이 아니라 조직의 위계질서를 아우르는 개방성과 신뢰가 필요하다.

에드거 샤인은 INPO 직원 대상 훈련 회의에서 태스크포스가 발전소를 방문해 문제가 있는지 판단하는 데 시간이 얼마나 걸리느냐고 물었다. 사람들은 신뢰와 개방성의 중대 문제는 반나절이면 파악할 수 있지만 이를 청취하고 대응하려면 발전소 인력과 관계를 맺어야 하는데 여기에 필요한 사례를 충분히 수집하고 분석하려면 2주가 걸린다고 말했다.

훗날 에드거 샤인이 그 시절을 돌이켜보니 제독이 갑판 담당자와 나눈 대화는 상징적으로나 개인적으로나 겸손한 리더십에 대한 각오의 표현이었다. 제독은 자신의 상황적 겸손을 통해 조직 전체와 소통할 수 있었으며 모든 수병이 개인적 책임과 무관하게 상세한 정보를 제공하도록 그들에게 권한을 부여하는 것이 중요함을 전파했다. 그 뒤 제독이 INPO를 경영한 방식에서는 겸손한 리더십이 항공모함 사고라는 고립된 맥락에서만 효과적인 게 아니라 크고 복잡한 조직에서도 실행 가능하고 적용 가능한 과정이라는 신념이 뚜렷이 드러났다.

사례 3: 업무를 개선하는 겸손한 질문

여러 주에서 병원 열 곳을 운영하는 베타의료법인의 품질 및 개선 책임자 로버트 라이언은 조직의 소통 패턴을 변화시키는 사업을 출범시켰다. 라이언은 산업계에서 토요타 생산 방식을 제조업에 구현하는 일을 하다가

이 의료법인의 최고품질책임자로 자리를 옮겼다. 그와 함께 일하는 CEO는 직원과 환자의 관계뿐만 아니라 직원들 간의 관계도 개선하고 싶어 했다. 두 사람은 다른 병원 의사의 팟캐스트를 통해 겸손한 질문 개념을 접하고서[20] 베타의료법인의 관계를 탐구하고 개선하는 수단으로 써야겠다고 마음먹었다.

라이언은 이미 변화를 옹호하고 새롭고 더 나은 것을 구현하는 일에 참여하고자 자원한 간병인, 관리자, 의사 집단을 만난 적이 있었다. 이번 과제는 겸손한 질문을 비롯해 긍정적인 개인 간 상호작용을 크고 이질적인 조직에 전파하는 것이었다. 개인적인 것과 사회적인 것을 이 의료법인에 어떻게 확대 적용해야 더 나은 질문을 던지며 마음을 열고 신뢰를 창출할 수 있을까?

라이언은 1년 넘게 기획팀과 상의하면서 (겸손한 질문이 소개된) 《리더의 질문법》을 활용해 변화를 실현할 방법을 궁리했다. 그의 계획은 책에서 도출한 훈련 방법을 이용해 복잡한 조직에서 관계를 형성하는 까다로운 문제를 사람들에게 교육할 수 있는 연습을 실시하는 것이었다. 그는 모든 사람이 겸손한 질문 원칙에 친숙해지도록 책과 더불어 겸손한 질문의 상세한 내용을 담은 영상과 자

---

[20] Schein & Schein, 2021

신이 주창하는 원칙을 인쇄한 인덱스 카드를 배포했다.

이 프로그램의 발전 과정에서 중요한 사실은 연습이 애초에 전혀 다른 기능을 염두에 두고 설계됐음에도 라이언과 CEO의 취지가 반영되도록 금세 진화했을 뿐만 아니라 의료 부서를 이끄는 참가자들이 제안한 새로운 요소들도 포함됐다는 것이다. 라이언은 겸손한 리더로서 집단 학습 과정을 출범시켰고 이것을 베타의 관리 체계에 접목해 개인과 집단이 조직 곳곳에 새롭고 더 나은 여러 요소를 도입하도록 격려했다.

배울 점: 2단계 관계를 북돋는 사회 구조 구축

이 이야기에서 보여주는 것처럼 기존 조직문화 안에서 사람들이 상호작용하는 새로운 과정을 함께 설계할 때, 참가자들이 겸손한 질문을 안전하게 실천하는 구체적인 훈련 과정을 기획하면 더 큰 효과를 거둘 수 있다. 이렇게 훈련하면 개방적이고 신뢰하는 2단계 관계를 구축하는 행동 강화가 가능하며 참가자들이 관계 맺기 과정을 하부 단위에 확대해 적용하도록 할 수 있다.

사례 4: 기술 개선과 관계 맺기의 시너지

기술 개선 관리는 의료 분야 조직의 주요 관심사가 됐다. 이런 계획들은 바로 앞에서 살펴본 '사례 3: 겸손한 질문으로 업무를 개선하다'와 3장의 사례 3에 나온 PNHC처럼 주로 토요타 생산 방식의 방법론을 적용해 개발됐다. 이 계획들은 기술 개선과 사회적 관계 변화 모두를 강조했지만, 상당수는 의료 행위 기술에 해당하는 훨씬 정교한 변화 모델을 개발하면서도 직원과의 관계에는 그다지 관심을 두지 않았다.

그럼에도 이 활동이 발전한 것은 관계 맺기에 대한 인식을 장려하는 영향력 있는 옹호자들, 계획의 요소에 대해 토론한 의사들, 사회·기술에 정통해 내용과 활력을 공급한 의사 리더들이 겸손한 리더십을 발휘한 덕이다. 이러한 노력은 정량적 개선 조치와 더불어 관계 맺기에 명시적으로 주목할 수 있는 필수적 원동력이다.

배울 점: 사회적인 것과 기술적인 것 사이에 다리 놓기

겸손한 리더십은 베타의료법인에 도입된 것과 같은 사업들에서 유의미한 결과를 만들어냈다. 겸손한 리더십 관행을 도입한 것이 위계질서 내의 리더이기는 해도 이 관행은 위계질서를 망라하는 많은 개인과 활동에서 생겨난다. 우리는 이 계획들에 직접 관여하면서 리더십이 소집단 내의 젊은 의사, 전공의, 의료진, 중간 관리를 의사, 기술적 개선과 더불어 사회적 개선을 이루려는 각오를 공유한 고참 의사들에게서 발전하는 것을 관찰할 수 있었다.

> ✓ **요약**
>
> 기술 변화 속도가 점차 빨라지는 상황에서 기술 숙련도가 저마다 다른 개인과 집단이 서로에게 점점 더 의존하게 되는 것은 필연적이다. 이에 따라 업무 집단 내에서와 각 집단 사이에서 개인 간 관계에 주목해야 할 필요성이 커지고 있다. 집단역학을 이해하고 관리하는 능력은 최적의 성과를 좌우하는 중요한 변수이므로 집단은 기술적 합리성에서 **사회**·기술적 합리성으로 진화해야 한다.
>
> 또한 우리는 집단 동기 부여와 집단 간 경쟁에만 초점을 두는 것에서 벗어나 구성원들이 서로 이해하고 상호의존성을 효과적으로 관리하려고 노력하도록 하는 협력적 집단 과정과 그로 인한 긍정적 유익에 초점을 맞추게 됐다. 우리는 복잡하고 변화무쌍한 세상에서 겸손한 리더십이 새롭고 더 나은 집단 협력 과정을 발전시키는 원동력이 될 수 있음을 진지하게 고려해야 한다.

토론을 위한 질문

- 임시로 꾸린 집단에 몸담았던 기억을 떠올려보자. 그 집단은 어떻게 조직됐는가? 특정한 리더나 소집자가 있었는가? 그렇다면 그 사람은 업무를 구조화하는 데 어떤 역할을 맡았는가? 집단은 무엇을 할지 어떻게 결정했으며 어떤 결과를 얻었는가?

3부

리더의 덕목 3
— 겸손한 리더십이 만드는 문화와 미래

다음 세 장에서는 겸손한 리더십과 조직문화의 관계를 문화 해독에 유용한 구체적 용어를 통해 살펴본다. 또한 겸손한 리더십과 조직문화의 변화 사이의 관계를 탐구한 뒤 문화가 향후 조직과 리더에게 어떤 영향을 미칠지 예측한다.

6
겸손한 리더십과 문화역학

포괄적 조직문화 모델의 구축은 향후 겸손한 리더십이 조직의 효과와 설계에 어떤 영향을 미칠 수 있는지 이해하는 열쇠다. 진심 어린 상황적 겸손을 품고 도전에 맞서는 리더는 집단과 모임의 하위문화, 반복 작업, 특별한 사건의 다층적이고 역동적인 상호작용을 맞닥뜨릴 수밖에 없다. 이 복잡성을 이해하는 과정에서 떠오르는 질문이 있다. "현 상황을 감안할 때 어떤 '새롭고 더 나은 것'이 적절할까?"

앞 장에서는 개인 간 역학과 집단역학을 이해하는 것이 왜 중요한지 논의했는데, 이번 장에서는 조직의 패턴과 응전을 빚어내는 **문화적** 요인을 이해하고 어떻게 보완할지 살펴볼 것이다. 겸손한 리더에게 이 요인들은 무엇이 '더 나은 것'으로 받아들여질 수 있는지 기준을 정하게 해준다. 모든 상황을 이해하기에 앞서 문화가 무엇이고 무엇을 하는지 탐구하는 데 도움이 될 몇 가지 용어를 정의해보자.

조직문화는 공유되고 축적된 학습의 산물이다

여기서 제시하는 문화 모델은 조직연구와 더불어 지난 40년에 걸쳐 발전했다.[21] "문화란 무엇인가?"라는 질문에 흔한 대답은 이렇다. "문화는 우리가 무엇을 하는가이며 어떻게 행하는가다. 우리가 숨 쉬는 공기이며 어디에나 있다." 맞는 말이지만 우리 목적에 딱 들어맞는 정의는 아니다.

문화처럼 포괄적인 것을 구체적으로 다룰 때 우리가 선호하

---

[21] Schein & Schein, 2017

는 방법은 학습에 중점을 두는 것이다. 구체적으로 말하자면 집단이 생존하고 번성하는 법을 어떻게 학습하는가다. 1장에서 처음 언급했듯 문화는 "공유되어 축적된 학습"으로 정의할 수 있다. 집단이나 기업의 태동기에 중요한 교훈을 배우고 조직의 성장기에 그 교훈을 다른 구성원과 공유하는 리더는 처음부터 문화 형성에 이바지할 수 있다. 이미 자리 잡은 조직에 새로 영입된 사람들은 새로운 관점을 들여오는 동시에 내부자와 창업자들로부터 기존 문화를 학습한다. 공유된 학습에 기초한 주입, 반복, 영감, 축적 과정은 미래 성장의 토대가 된다.

우리 문화 모델은 이 정의를 핵심으로 삼으며 그와 더불어 "의도에 대한 관습"의 연속성에 주목한다. 우리는 문화인류학자 마셜 샬린스의 "구조와 실천" 논증에서 이 용어들을 차용해 재해석했다. 샬린스는 문화가 "구조의 실천과 실천의 구조"라는 연속적이고 상호적인 주고받음으로 인해 진화한다고 주장한다.[22] 구조와 실천의 개념은 문화역학을 더 구체적으로 탐구하려는 우리의 시도에 매우 유용하다.

---

22 Sahlins, 1981, p.72

문화의 구조와 조직이
추구하는 가치

문화의 구조는 "우리를 현재의 위치에 데려온" 축적된 관습(확립된 사고·행동 방식)으로 정의할 수 있다. 문화의 실천은 하루하루 새날을 맞이하는 방식으로 정의할 수 있으며 여기에는 우리가 하는 일과 그 일을 생각하는 방식을 형성하고 지탱하며 변화시키려는 의도가 포함된다. 도전과 기회에 대한 우리의 반응에는 관습의 안정성("전에도 이런 식으로 도전에 맞선 적이 있어")이 담겨 있으며 도전을 이겨내고 변화를 만들어내려는 의도의 예상이나 불안 또한 스며 있다. 행위는 관습(구조)을 반영하며 의도(실천)를 투사한다. 이 기본적 역학은 개편, 성장, 쇠퇴, 새 관리자나 리더의 영입 같은 '내부적 통합' 문제뿐만 아니라 외부적 위협이나 기회에 대한 '외부적 적응' 문제에도 적용된다.[23]

표 6.1 〈문화의 구조〉는 구조 개념을 확장한 세 층위 분류법으로, 1985년에 처음 소개됐으며[24] 우리의 의도(실천)에 영향을 미

---

[23] Schein & Schein, 2017, p.6
[24] Schein, E. H., 1985, p.14

관습	보이고 들리고 만져지는 것
옹호되는 가치	내부자들이 중요하고 가치 있다고 말하는 것
기본 가정	핵심적이고 역사적인 변경 불가능한 믿음

표 6.1 문화의 구조

치는 관습적 가치를 구체적으로 탐구하는 데 유용하다.

처음 두 항목을 들여다보면서 서로 어떤 관계인지 생각해보자. 기업의 건물, 사무실, 개인 업무 공간, 탁자, 포스터, 핵심 영업 수치를 보여주는 모니터, '수요일 피자 파티', '금요일 재택근무'를 비롯한 수많은 요소가 문화의 **관습**을 이룬다. 모두가 업무 공간에서 물리적으로 보고, 듣고, 만질 수 있는 것들이다.

내부자들이 회사에 대해 말하는 것들은 **옹호되는 가치**를 대변한다. 여기에는 조직이 무엇을 하고 있는지, 장차 무엇을 하고자 하는지가 포함된다. 관습과 옹호되는 가치 둘 다 기업문화를 이루는 일부지만, 선마이크로시스템스사의 사례에서 보듯 관습과 옹호되는 가치가 서로 맞아떨어지지 않을 때도 있다. 오라클 코퍼레이션에 인수되기 전, 선의 직원들은 "우리는 시스템 기업이다"라는 가치를 옹호한다고 알려져 있었다. 하지만 마이크로 전자기기,

메인프레임급 컴퓨터 시스템, 데이터 저장 하드웨어, 미드레인지 서버 시스템, 운영 체제 소프트웨어를 제작하고 판촉하는 대규모 부서를 포함한 설계 관습으로 보건대 선은 주로 하드웨어(서버 및 저장 장치) 기업이었다.

리더와 선 충성파들이 (바깥세상이 선을 하드웨어 기업이라고 생각한다는 것을 잘 알면서도) 선을 "시스템 기업"이라고 부른 것은 결코 우연이 아니다. '시스템'이라는 말은 통합적인 개념이자 이상이었으며(또한 하드웨어만으로는 얻을 수 없는 수익 성장을 가져다줬다) 선이 실제 모습과 별개로 만들어내고 싶어 한 인상과 맞아떨어졌다. 기업이 설령 현 시장에서 성취할 수 있는 것과 어긋나더라도 자신들이 추구하는 가치를 옹호하는 것은 드문 일이 아니다.

관찰되는 관습과 옹호되는 가치가 종종 어긋나는 이유를 이해하려면 조직의 본래적이고 통합적인 '존재 이유'를 찾아야 한다. 그 가치는 조직의 설립 토대로, 조직이 성공하고 성장하는 내내 견지되며 타협 불가능하다. '존재 이유'는 일상 행동의 상당수를 추동하는 기본 가정의 역할을 하며, 암묵적 관습이 되어 기업에 응집력과 동기를 공급한다. 하지만 불행하게도 외부 환경이 본래 가치와 맞아떨어지지 않으면 기업을 혼란에 빠뜨리기도 한다.

구조와 실천 사이에서
발생하는 간극

조직의 실천은 현재의 활동과 의도를 뜻하는데, 이는 세 층위로 분류할 수 있다. 우리는 이 문화 실천을 기술, 사회, 거시 층위로 나타낸다(표 6.2 〈문화의 실천〉).

기술 층위	전략, 사명, 목표, 설계
사회 층위	소통 및 관계 규범, 영향력 네트워크, 사회적 패턴
거시 층위	지구·국가·지방 관계 추세, 직무 규범, 공동체 규범, 기술 추세, 환경·사회·정치 변화

표 6.2 문화의 실천

구조와 실천의 중요한 차이점은 실천의 경우 매일 실시간으로 실행되고 경험된다는 데 있다. 문화의 실천은 조직이 전략, 목표, 성과 측정 등에 접근하는 방법에서 볼 수 있다. 기술문화와 관련해 조직은 다양한 조건에 맞춰 적응 방안을 선택할 수 있는데, 그 조건으로는 현재 시장의 요구, 경쟁사들의 행동, 폭넓은 거시 문화 추세(예: 지속 가능성 또는 다양성, 평등, 포용을 지향하는 추세) 등이 있다. 이에 반해 기업의 **사회문화** 규범은 고정적이다. 사람들이 서로 맺은 관계는 새로운 방식에 쉽고 빠르게 적응하지 않는다. 사회적 상호작용의 기술과 패턴은 재무적 결과나 전략적 기회에 대한 분기별 대응에 의해 뒤바뀌지 않는다.

집단의 사회문화를 탈바꿈시키는 것은 느린 과정이다. 기술의 극적 영향조차도 **사회문화**를 바꾸는 데는 더 오랜 시간이 걸린다(우리가 유선 전화와 교환수로부터 음성 사서함, 스마트폰, 소셜 미디어 플랫폼, 슬랙Slack 같은 현대판 문자 메시지 시스템으로 얼마나 빠르게 진화했는지 생각해보라). 그럼에도 더 폭넓은 **거시문화** 추세는 사회문화 변화에 일조할 수 있다. '구조의 실천'을 이해하는 열쇠는 거시문화의 변화가 우리의 기술문화와 사회문화 둘 다에 어떻게 영향을 미치며, 기술문화의 변화가 사회적 실천과 어떻게 맞아떨어지거나 맞아떨어지지 않는지 심지어 거시문화 추세와 상충하는지 유념하는 것이다.

이와 관련해 생각해볼 사례가 있다. 코로나19 팬데믹이 벌어졌을 때 많은 기업이 초기에 재택근무를 시행하다 이후에 사무실 출근을 의무화했다. 팬데믹 첫 한두 해 동안 공유되어 축적된 학습 중에는 화상 회의와 원격 회의에 대한 빠른 적응도 있었다(이것은 선택이 아니라 필수였다). 맞춤형 기술 업그레이드를 위해 예산을 조정하고 장비 및 통신비 지출을 사무실에서 자택으로 전환하기 위해 급여를 조정하면서 우리는 기술문화의 변화를 체감했다. 전략과 목표는 (재택근무 명령과 생산 시설 폐쇄에 따른) 극적이지만 짧았던 시장 침체에 맞게 조정됐다.

화상 회의라는 새로운 소통 방법을 학습함에 따라 사회문화도 빠르게 달라졌다. 새로운 참여 방식과 출근 및 집중 규범(예: 화상 회의 참가자들이 카메라나 마이크를 끄지 못하도록 결정한다)이 도입됐으며 모든 직원은 새로운 상황에 적응해야 했다.

이 시기는 기업 문화의 몇몇 관습이 더 뚜렷이 드러난 때이기도 했다. 관습 중 어떤 것들은 그 뒤로 정상화되어 기업 구조의 요소들만큼이나 가시적으로 바뀌었다. 이 맥락에서 문화적 관습에 대해 우리가 드는 사례는 화상 회의 시 무슨 환경이 적절하다고 간주되는가다. 어떤 기업은 직무 표준(부적절한 조명, 흐트러진 침구, 귀엽지만 회의를 방해하는 반려동물은 허용되지 않는다)을 고수한 반면에 또 어떤 기업은 기존 규칙을 완화했다. 일부 조직에서 생겨난 또 다른 관습은 한 시간짜리 화상 회의를 연달아 여덟 시간, 심지어 열 시간 동안 진행하는 것이었는데 이 때문에 사무실에서 근무하는 정상 일과에 비해 개인 휴식이 오히려 줄어들었다!

일부 관습은 사회·기술문화 실천에서 즉각적 반응을 촉발했다. 한발 물러서 코로나19 팬데믹의 영향을 관찰하면 실천에서의 변화가 비교적 짧은 시간에 구조적인 차원으로 전환됐음을 알 수 있다. 우리의 변화는 건강을 유지하고 바이러스를 전파하지 않는 것, 그럼으로써 동료를 전염시키지 않도록 집에 머무르는 권리(또는 의무)를 준수하는 것이 중요하다는 새롭고 심층적인 기본 가정과 결부되어 있었다. 하지만 그와 동시에 **기술문화** 실천 면에서 생산성 하락을 감지한 리더와 관리자들은 이것을 재택근무와 연관시켜 직원들의 사무실 출근을 의무화했을 것이다. 구조와 실천 사이, 기본 가정과 새로운 의도 사이, 기술문화와 사회문화에 대한 고려 사이에서 나타나는 변화와 간극은 기업에 '문화 문제'가 있다는 막연하지만 매우 실질적인 느낌 이면에 무엇이 있는지 더 정확히 이해하는 데 도움이 될 것이다.

모든 조직의 역사에서는 구조와 실천 사이의 간극과 불일치를 찾을 수 있다. 이 불완전함은 불가피하다. 우리가 이 용어를 강조하는 이유는 '새롭고 더 나은 것'을 추구하는 **문화적 환경**을 보고, 듣고, 적응하는 것이 겸손한 리더에게 중요하다고 믿기 때문이다. 겸손한 리더의 새로운 의도와 실천이 기존의 기본 가정, 옹호되는 가치, 관습에 비해 극단적으로 다르면 '우리가 늘 해오던 방식'의 '끈질긴' 관습은 새롭고 더 나은 것을 추구하는 변화에 완강히 저항할 수 있다. 따라서 많은 하위문화로 이뤄진 역동적 환경에서 겸손한 리더십은 문화가 진화하는 역학에 대한 현실적인 모델을 바탕으로 삼아야 한다.

조직문화가 변하고 스며드는 방식

변화 과정을 더 적응적이고 반복적이며 유연하게 바라보는 것은 겸손한 리더십의 필수 요소다. 우리는 리더십, 문화, 변화가 어떻게 긍정적인 결과를 내놓는지 보여주는 생성적 은유를 제시하고자 한다. '문화'를 해변으로 비유해 바람과 파도의 작용이 어떻게 어우러지는지 표현했다.

당신이 해변에 서서 파도가 일고 부서지는 광경을 바라본다고 상상해보자. 이제 우리와 함께 상징적 도약을 단행하자. 물, 즉 바다는 밀려들었다 나갔다 하면서 과거 상호작용(또는 '문화')의 퇴적물과 상호작용하는 인간 주도성을 상징한다. 여기서 문화는 윗부분은 성기고 부드럽지만 아랫부분은 퇴적되고 단단한 모래사장으로 상징된다. 우리가 느끼는 바람은 두 종류다. 하나는 바다에서 해변으로 불어오는 해풍으로 인간의 노력을 변화 쪽으로 밀어주는 순풍이다. 다른 하나는 해변에서 바다로 불어오는 육풍으로 인간의 노력을 가로막아 변화에 저항하는 역풍이다. 조직변혁의 측면에서 보자면 바람의 다양한 영향은 리더의 변화 시도를 북돋거나 제약하는 자연·기술적 요인이다. 해변은 바람과 바다의 과거 상호작용으로 인해 누적된 잔여물을 나타낸다.

리더십은 파도가 한 번 또는 여러 번 몰아치는 것으로 시각화할 수 있다. 바람과 조류 같은 힘에 의해 생겨난 파도의 에너지는 처음에는 너울이 되어 깊은 물속을 가로지르는데, 이것은 기존(또는 역사적) 요인에 의해 추동되는 부드러운 움직임이다. 너울이 마침내 뭍에 다다르면 정상적 흐름이 교란되어 우리가 파도라고 부르는 것이 일게 된다. 파도가 이는 광경은 리더십이 변화를 일으키려는 행동을 시각화한 것이다. 파도가 어떻게 이는가는 새로운 힘들의 조합에 영향을 받는데, 대표적으로는 새롭고 더 나은 일을 하려는 리더의 의도나 새로운 변화 시도를 가로막는 저항이 있다.

변화는 파도가 해변에서 부서질 때 일어난다. 처음에는 파도가 모래(조직에 교란을 일으키는 변화하려는 리더의 추진력과 실천력)에 영향을 미치고 물이 역류한다(교란에 맞서는 조직의 반응). 이따금 역류는 평형을 회복하려는 시도처럼 보이기도 하지만 뒤이어 일어나는 파도에 에너지를 공급할 수도 있다. 어느 경우든 파도가 움직이는 패턴은 물, 모래나 해변, 바람, 물의 나머지 조건 같은 요인들에 적응한다. 바다는 다시 에너지를 회복해 거듭거듭 파도를 일게 하는(변화의 지속) 피드백 고리를 만들어낸다(지속적 리더십). 파도를 유심히 들여다보면 리더십의 시도와 그로 인한 변화 사이의 피드백과 상호작용이 원인과 결과의 직선적 패턴이 아닌 흐름임을 알 수 있다. 파도가 밀려들었다 나가는 연속적 흐름은 매번 비슷해 보일지 모르지만 그럼에도 (비록 여러 번 반복해야 할 수는 있겠지만) 모래나 해변에 새로운 영향을 미친다.

문화는 해변으로 파도가 이는 조건(리더십을 위한 조건)을 만들어내며 우리가 **구조**를 시각화할 수 있는 방법이다. 여러 바람에 의해 추동되는 리더십 실천은 구조(모래나 해변의 윤곽)에 조금씩 영향을 미친다. 변화를 보기까지 파도 몇 개가 중도에 사그라드는 광경을 지켜봐야 할 수도 있지만 우리가 보지 못하더라도 해변의 윤곽이 늘 달라지고 있듯 조직문화는 앞에서 묘사한 요인들의 끊임없는 상호작용을 통해 변화하고 있다. 문화(해변)는 변화를 가로막는 마찰이기도 하고 리더십과 변화 주기에 대한 점진적 반응을 빚어내는 촉매이기도 하다.

우리가 제안하는 두 번째 상징적 도약은 바람의 방향과 세기가 자연의 힘(해변이 존재하는 환경, 즉 거시 문화)과 인간의 추동력을 나타낸다는 것이다. 이것을 염두에 두면 파도의 모양, 파도와 역류의 관계, 파장과 진동수의 관계 모두가 바람이 부는 방향과 직접 연관된다. 다시 말하지만 우리는 이것을 인간의 추진력, 의도, 저항으로 여긴다. 해풍은 순풍으로서 리더십 차원의 힘을 만들어내며 육풍은 역풍으로서 저항의 힘을 만들어낸다. 문화 변화에는 리더십과 저항이 둘 다 작용한다.

변화를 만드는 핵심 조건

해변 비유는 변화를 주도하려는 모든 시도에 문화가 어떤 (어쩌면 그 무엇보다 큰) 영향을 주고받는지 설명하는 데 도움이 된다. 문화의 차원 중에서 어떤 것은 동기를 불어넣고 어떤 것은 걸림돌이 된다. 앞에서 제시한 얼개는 변화 노력이 언제, 어떻게 성공하고 실패하는지 분석하는 기준이 된다.

변화 시도가 뜻밖의 저항을 맞닥뜨리면 역풍이 어디서 불어왔는지 해변의 어떤 성질이 과거의 바람과 해변의 상호작용으로 확립된 관습인지 이해해야 한다. 그 후에 겸손한 리더십이 어떤 반응을 제안해야 할지 고려할 수 있다. 여기서 상황적 겸손은 현장에서 무슨 일이 일어나고 있는지 파악하고, 리더의 의도 중에서 기존의 조직 문화와 맞아떨어지지 않는 요소(조직이 변화에 저항하도록 하는 불일치)가 무엇인지 알아내는 데 필수적이다. 마찬가지로 상황적 겸손을 품은 겸손한 리더십은 무엇이 변했거나 변할 수 있는지, 변화에 더 오랜 시간이 걸리는 것은 무엇인지, 변하지 않을 것은 무엇인지 보여주는 '해변의' 역사에 초점을 맞출 수 있다. 변화에 대한 직선적 모델과 비현실적인 성공 기준을 버리는 것은 겸손한 리더십이 단발성 성공이나 실패가 아니라 영구적 과정으로 변화를 길러내는 핵심 조건이다.

다음 사례는 기존 기술문화에 대한 집착과 이질적 사회문화에 대한 무관심 때문에 변화가 저항을 맞닥뜨린 것을 보여준다. 고위 리더들은 새롭고 더 나은 것을 추구하는 데 찬성하면서도 이런 사회문화와의 연관성은 알아차리지 못했다.

사례 1: 조직문화의 퇴행을 야기하는 관계의 불균형

겸손한 리더십의 잠재력은 어디에나 있고 언제나 있지만 확산되지 못할 때도 많다. 1단계 관계로 퇴행하거나, 정체에 의해 질식하거나, 2단계 관계 관리자가 자발적으로 퇴사하거나, 심지어 해고당하는 등 조직적 역풍을 맞아 좌절할 때도 많다. 이때 CEO나 고위 리더는 (특히 젊은 사람들로 이뤄진 하위 계층 사이에서) 변화하는 사회 규범에 맞게 사회문화를 개량하기보다는 기술문화 관습을 우선시하는 쪽을 선택한다. 이 사례에서 보듯 조직이 인재 개발 노력을 스스로 좌초시키는 안타까운 상황이 벌어지기도 한다.

브라이언은 명문 공대를 졸업한 취업 준비생이다. 그는 다국적 식품 회사의 평판 좋은 연간 순회 관리 훈련 프로그램에 참여했다. 훈련 기간에 뛰어난 성과를 낸 덕분에 갈망하던 첫 직장을 얻었다. 대형 제조 공장에서 포장 라인을 감독하는 일이었다.

이 글로벌 식품 기업은 여러 브랜드를 판촉하며 공격적인 마케팅을 실시했다. 전 세계에 제조 공정이 분산되어 있고, 핵심 현지 시장 인근에서 생산과 포장을 진행한다. 브라이언의 공장은 미국 중심부에 있었다. 그의 공장을 이끄는 리더는 팀에게 많은 자율성을 부여했으나 엄격한 생산 효율과 품질 기준을 유지하라는 본사의 압박에 시달렸다. 이런 까닭에 브라이언의 상사는 빡빡한 산출 오차 내에서 임무를 완수하기 위해 브라이언에게 많이 의지했다.

브라이언의 직속 하급자들은 대부분 고졸의 비노조원 남성이었다. 브라이언은 업무를 맡고 첫 몇 주 안에 그들과 개방적이고 신뢰하는 관계를 맺을 수 있었다. 그는 전해의 관리 훈련에서 공장 직원들과 좋은 관계를 맺어야 한다는 것을 실감했는데, 소탈하고 친근한 그의 성격 또한 관계에 일조했다. 그럼에도 어색한 구석이 있었다. 팀원들이 브라이언의 하급자였지만 경험과 운영 지식은 훨씬 많기 때문이었다. 브라이언은 생산 라인의 사회문화에 금세 적응해 2단계 관계를 북돋고 자신도 격려를 받았다.

브라이언이 보기에 문제는 사람이 아니라 생산 라인의 기계였다. 기계는 제대로 관리되지 않았으며 고장 시 수리하는 법을 알아내기도 힘들었다. 이 못 미더운 기계는 '방 안의 코끼리'였다. 브라이언은 노조 미가입 생산직 노동자들과의 가까운 관계와 달리 상사와는 조금 거리감 있는 관계를 맺고 있었는데 기계 문제가 두 관계 사이의 긴장을 매번 유발했다.

우리는 브라이언에게 문제가 생기면 하급자들이 보고하느냐고 물었는데 그는 이렇게 답했다. "물론이죠. 우리는 늘 대화를 나누며 해결법을 찾아내려고 최선을 다합니다. 저는 이 사람들을 속속들이 압니다. 노조와의 문제도 전부 알고 있습니다. 우리는 생산량과 품질을 최대한 높게 유지하려고 원만하게 협력합니다."

그런데 기계가 고장 나거나 생산이 지연됐을 때 상사에게 이야기하느냐고 물었더니 이번에는 이렇게 대답했다. "그럴 리가요. 그가 듣고 싶어 하는 건 일이 잘 돌아가고 생산 일정이 준수되고 있다는 말뿐입니다. 문제가 생기면 역정을 내고 누구 잘못인지 알고 싶어 합니다. 고장이 빈발하는 이유는 포장 기계의 신뢰도가 낮기 때문입니다. 상당수 문제는 경험 많은 직원들도 저도 해결법을 모르는 것들입니다. 정말이지 기계를 교체해야 합니다. 하지만 상사는 그 말을 듣고 싶어 하지 않는다고요!"

　브라이언은 생산직 노동자들과는 개방적이고 신뢰하는 관계를 맺었지만 직속 상사를 비롯한 관리 계통 상층부와는 직업적 거리를 유지하며 경쟁하는, 심지어 적대적인 관계를 맺고 있었다. 그는 직원이 아니라 기계가 문제라는 말을 상사에게 전달할 수 없었다. 시간이 지나면서 브라이언은 상사가 기계 문제에 관심이 없을지도 모른다는 것을 깨닫기 시작했다. 어쩌면 상사는 기계를 업그레이드하는 것보다 노동자에게 책임을 돌리는 쪽이 편리하다고 생각했는지도 모른다.

　위계질서의 단 두 계층에서 나타나는 이런 힘의 불균형을 어떻게 설명할 수 있을까? 고위 경영진은 1단계 사회문화를 의도적으로 강화하는 관습적 위계질서 모델을 따르는 것 같았다. 그리고 공장 가동률을 높이고 권위를 유지할 방법을 상층부 경영진과 하층부 육체 노동자 사이의 직업적 거리로 여겼다. 이에 반해 브라이언이 자신의 팀과 자연스럽게 맺은 관계는 상급자와 하급자보다는 동료 관계에 가까웠으며(이 관계는 2단계 사회문화를 의도적으로 강화한다) 그 덕분에 그의 팀은 생산량 목표를 달성할 수 있었다!

브라이언은 위계질서에서 자신보다 위에 있는 모든 사람이 측정과 생산 목표를 중시하는 역할 기반의 무미건조한 관계를 추구한다는 것을 알았다. 브라이언의 관찰에 따르면 그의 상사는 말썽을 부리는 기계를 고치는 데 우선순위를 두지 않았으며 팀이 기계를 가동하느라 애를 먹는 데에도 전혀 공감하지 않았다. 브라이언은 비슷한 제조 기업으로 이직하더라도 똑같은 위계질서 패턴을 보리라는 것을 깨달았기에 내키지 않았지만 취업 대신 대학원에 진학해 유관 분야를 연구하기로 마음먹었다. 그러면 다른 종류의 조직에서 다른 종류의 업무를 진행할 수 있을 것 같았다. 브라이언은 자신의 결심을 한마디로 표현했다. "이 조직에서는 어떤 역할 모델도 찾지 못했습니다. 닮고 싶은 상급자는 단 한 명도 없었습니다."

브라이언은 9개월간 재직 후 사직서를 제출하고 공학 석사 과정을 밟았다. 그의 바람은 훗날 더 흥미롭고 미래 지향적인 조직에 몸담는 것이었다. 기업은 브라이언을 훈련하느라 1년을 꼬

박 투자했으면서도 커다란 잠재력을 지닌 관리자를 놓쳤다. 이것은 수치 지향적이고 비용과 일정에 치중하는 경직된 체계의 결과였다. 노조 미가입 노동자들은 감내하며 지냈지만 브라이언은 꿈의 직장처럼 보이던 곳에서 재빨리 돌아섰다. 물론, 브라이언은 최선을 다했다. 생산 라인의 사회문화에 자연스럽게 녹아들었으며 가능할 때마다 겸손한 리더십을 실천했다. 하지만 고위 경영진의 기술문화로부터 거센 역풍을 맞았다. 그는 직속 하급자들과의 관계에서는 성공을 거뒀지만 그의 위에 놓인 전통적 위계질서는 1단계 업무적 관계를 채택했으며 실제로 돌아가는 상황을 이해하는 것보다는 기술적 수치를 맞추는 것을 우선시했다.

배울 점: 고위급 리더가 1단계 관계에 머무르면 생기는 일

이 이야기의 중요한 교훈은 조직의 각 계층이 기존 관습에 이끌려 서로 다른 의도를 중시할 수 있다는 것이다. 브라이언이 보기에 자신의 팀이 일하는 방식과 관리자들이 중요시하는 것 사이의 간극은 불가항력에 가까웠다. 이 때문에 긍정적 변화(이 경우는 포장 기계를 새로 설치하는 간단한 문제였다)를 이끌어낼 수 없었다. 브라이언의 이야기에서 가장 의미심장한 대목은 회사 위계질서의 상층부에서 어떤 역할 모델도 찾을 수 없었다는 말이었다.

또 다른 중요한 교훈은 브라이언이 상사에게 기계의 잦은 고장이 생산성 하락의 원인이라고 이야기할 안전감을 갖고 있음에도 사실상 무시당했다는 것이다. 그가 공학 재능을 인정받아 채용됐다는 점을 생각하면 터무니없는 결과다.

사람들의 이야기를 듣고 적절히 반응할 수단이 체계 내에 갖춰져 있지 않으면 목소리를 내도록 격려하는 분위기를 조성해봐야 헛수고다. 우리가 보기에 관리자가 귀를 기울이고 적응하지 못한 것은 1단계의 업무적 역할에 기반한 관계 탓이다. 바람을 비유로 들어 일반화해보겠다. 브라이언의 경우, 그와 그의 팀이 순풍을 일으켰는데도 1단계 무감으로 대표되는 기술문화에 익숙한 고위 리더들은 변화에 무관심했다. 생산 라인 관리자인 브라이언과 일선 운영자인 직원들 사이에서 발전해 대단한 성공을 거둔 2단계 사회문화의 시너지도 고위 경영진 눈에는 보이지 않았다.

사례 2: 의도치 않은 결과를 만든 투명성

이것은 5년 남짓 노력하고 헌신하며 생존하다 사멸한 실리콘 밸리 스타트업에 대한 이야기다. 이 기업은 자금이 두둑하고, 평판이 자자하고, 건실하게 운영되고, 사기가 높고, 열정이 가득하고, 혁신적 기술과 경험 많은 인력을 보유했다는 점에서 특이 사례는 아니다. 또한 지속 가능한 독자 생존과 번영에 이르도록 적응하고 혁신할 수 없었다는 점에서도 전형적이다.

투명성과 정직성 문화

이 통신 시스템 기업(비즈니스 커뮤니케이션스 시스템스^{BCS}라고 부르겠다)은 개량된 통신 기술을 중견 기업에 제공하는 일을 했다. 회사를 설립한 기술 업계 베테랑 엔지니어들은 새 솔루션을 만들어내는 법을 알았고, 이를 토대로 사업을 구축하기 위해 기술 스타트업을 성공적으로 설립한 경험 많은 최고경영자를 영입했다. CEO는 또 다른 경험 많은 세일즈 및 마케팅 임원을 채용해 고위 경영진을 꾸렸다.

설립자인 베테랑 엔지니어들과 전문 경영인들은 객관적 공정성과 투명성을 발휘해 경영하는 것이 중요하다는 데 뜻을 같이했다. 다들 예전에 대기업에서 지나친 속임수와 '정치적 행동'을 겪은 적이 있었기에 직원과 이사회를 정직하고 진실하게 대해야 한다는 생각도 일치했다. 투명성의 필수 요소는 수치 기반 관리 시스템이었다. 그들은 모든 직책의 리더가 핵심 지표를 정의하고 이를 중심으로 관리하고 관리받으며 평가받아야 한다고 결정했다. 데이터는 벽걸이형 평면 디스플레이에 표시되어 사내에 공유됐다. 사업의 맥박을 실시간으로 송두리째 보여주는 셈이었다.

직원들은 이 조치를 공정하게 여겼으며 고위 경영진이 정한 방향에 결코 의심이나 의문을 품지 않았다. 투명성은 지위고하를 막론한 신뢰의 토대였다. 투명성과 정직성 문화라는 관습은 BCS에 얼마든지 있었다. 주 회의실에 들어서면 고객 서비스팀부터 엔지니어링팀, 마케팅팀, 임원진까지 누구나 이용할 수 있는 워크스테이션 컴퓨터와 탁자가 빼곡히 놓여 있었다. 벽걸이 화면에는 사업 실적이 실시간으로 표시됐다. 회사는 한 달에 몇 번씩 무료 점심 식사를 제공했으며(직원들이 즐겨 찾는 동네 피자 가게를 주로 이용했다) 이를 기회 삼아 일이 어떻게 진행되고, 무엇에 주의를 기울여야 하고, 누가 채용됐고, 누구의 생일이 가까워졌는지 등 모두가 알아야 하는 정보를 전 직원이 허심탄회하게 공유하도록 했다.

또한 고위 경영진은 조직의 모든 부문에서 직원을 신중하게 선발해 번갈아가며 점심 식사에 초대했다. 이것은 서로 교류하고 친분을 쌓으며 정보를 공유하는 방법이었다. 이 시기에 BCS에 합류한 모든 사람에게 정직성과 투명성은 틀림없이 옹호되는 가치처럼 보였을 것이다. BCS 직원들은 고위 경영진이 매일같이 얼굴을 비치고 직원들과 어울리는 것을 높이 평가했으며 신입 직원에서 CEO까지 모두가 함께 모여 승리와 패배, 성공과 실패를 터놓고 이야기해도 괜찮다고 느꼈다. BCS의 사회문화는 유동적이고 친근했으며 창업 구성원들의 친밀한 관계와 개방적 업무 환경을 대체로 반영했다. 그리고 이는 비위계적 유동성을 더욱 강화했다.

그러다 창업 후 2~3년이 되던 해에 BCS는 정체기를 맞았다. 투명성이 유지됐는데도 생산팀은 목표 고객과의 거래를 성사시키려고 애쓰는 세일즈팀과 단절됐다. 수치는 누가 목표를 달성하고 누가 달성하지 못하는지 똑똑히 보여줬으므로 수치에 기반해 경영하라고 채용된 CEO는 힘든 선택을 내려야 했다.

투명성에 기반한 중대 결정

CEO는 이사진 및 설립자들과 숙의 끝에 결정적 조치를 단행했다. 바로 실적 데이터를 근거로 최초의 제품 개발자 중 한 명을 해고하는 것이었다. 그는 생산 라인 목표를 달성하지 못하고 있었다. CEO는 핵심 인력에 대한 인사 조치로 신제품 출시 속도를 앞당기고 수치에 근거한 행동이 필요할 때는 단호해야 한다는 것을 조직에 보여줄 수 있으리라 기대했다. 이를 위해서는 기술문화 측면의 적응이 필요했다. 효율과 제품 공급을 개선할 수 있도록 인력 및 조직설계를 변화시켜야 했다. 이것은 CEO를 비롯한 모든 사람에게 힘든 일이었고 체계에 약간의 충격을 가했지만 숫자를 따르자면 그 방법밖에 없었다. 이 기술문화에서는 진실로부터 숨을 도리가 없었다. 어쩔 수 없는 노릇이었다.

1년쯤 뒤에 BCS는 더 큰 기업에 헐값에 매각됐으며 규모가 50퍼센트 이상 축소됐다. 그동안 CEO와 경영진은 자신들이 단단한 토대를 마련하는 데 필요한 일(수치를 달성하고 투명성을 유지한다는 핵심 가치의 소통)을 했다고 믿었으며 BCS는 매우 건강한 현대 기업처럼 보였다. 도대체 무엇이 잘못된 것이었을까?

회사가 매각된 지 1~2년 뒤, BCS 고위 임원 한 명은 이렇게 말했다. "설립자 한 명이 그만두자 모든 것이 달라졌습니다." 이로 인한 장기적 영향(어쩌면 의도하지 않은 결과)은 2단계 관계와 신뢰로 대표되는 유동적이고 협력적인 사회문화가 숫자 위주의 실적 경영에 무력화됐다는 것이다. CEO는 인사 조치의 위험을 계산하면서 이런 급작스러운 권위적 조치가 얼마나 큰 피해를 일으키고 은밀한 두려움을 자아낼지는 과소평가했다. 이로 인해 생겨난 사회문화는 결코 유동적이지도 개방적이지도 신뢰할 만하지도 않았다. 이번 조치는 노골적으로 실적 위주였으며 계산된 단호함(과 위험)을 암묵적으로 2단계 관계의 반복적 접근법보다 우위에 놓았다. 이것은 사회문화의 사기를 북돋는 게 아니라 분위기를 냉각시켰다.

배울 점: 투명성은 무기가 될 수 있다

많은 관리자, 리더, 이론가는 투명성의 중요함을 강조하면서도 온갖 종류의 업무와 재무 정보를 위한 소통 창구를 모조리 여는 것이 말처럼 쉽지 않다고 인정한다. 우리가 '개방성' 개념을 고집하는 것도 이런 까닭이다. 즉, **무엇을 어떻게 소통하는지**는 현상을 가시화하는 수동적 과정이 아니라 공유하고, 드러내고, 귀 기울이고, 이해하고, 반응하는 능동적인 과정이다. 신중함이라는 필터를 달지 않는다면 투명성은 지각되는 것을 무차별적으로 받아들이는 수동적 과정에 불과하다. 우리는 모든 것을 보고 싶어 하지 않는다. 개방성은 무슨 일이 언제 일어났는지에 대한 지표뿐만 아니라 과업 완수를 위해 드러내야 할 중요한 게 무엇인지 선택하는 것이다.

CEO를 비롯한 BCS 고위 경영진은 신뢰하는 2단계 관계를 맺으려고 노력했다. 하지만 설립자 한 명이 해고된 뒤로 실적 정보 공유와 그에 근거한 조치를 중시하는 태도에는 무정하고, 개인주의적이고, 기계적이고, 실용적이고, 거래적인 리더십(1단계 관계)을 선호하는 기본적 가정이 스며 있었다. 여기서의 투명성과 정직성은 조직 내에서 개인이 자유롭게 사익을 추구하고, 자신에게 유리하도록 업무 환경을 최적화하고, 대등하게 (똑같이 공유된 정보를 이용해) 경쟁하고, 자신의 행동과 거래로 인한 '공공연한' 결과를 받아들여야 한다는 기초적 가정과 맞아떨어졌다.

BCS 직원들이 두려움을 가라앉힐 2단계 관계를 지속적으로 맺지 못한 것은 개인주의적이고 실용적이며 거래적인 관계를 마음속 깊이 가정했기 때문일까? 신뢰는 '근사한 것'이긴 하지만 기술문화와 사회문화 둘 다에 내재된 가치는 아니었던 것일까? 신뢰 없는 투명성은 잠깐 동안은 직원들에게 참여와 동기를 불어넣고 생산성을 매우 높일 수 있다. 하지만 일부 리더들은 정치적이고, 뒤통수 치고, 정보를 감추고, 앞서가려고 동료를 기만하는 분위기를 초성장 기업에 필요한 처방으로 여겨 암묵적으로 이를 부추길 수도 있다. 장기적으로 보면 투명성을 소통(개방성) 수단보다는 통제 수단으로 쓰는 기업은 엔트로피(무질서)를 향해 치닫는다. 환멸을 느낀 인재가 떠나고 엉터리 기술과 실적이 인정받으며 시장 변화에 대한 창조적 적응이 정치적 논란거리가 되기 때문이다. 이에 반해 조직의 모든 계층을 아우르는 내재적 개방성과 신뢰, 2단계 관계는 수치 위주의 1단계 업무적 관계 경영이 자아내는 고질적 두려움보다 훨씬 유연하고 오래가는 토대를 이룬다.

우리는 팀의 크기가 어떻든 팀원들이 서로 터놓고 이야기할 수 있을 만큼 심리적 안전감을 느낄 때 더 나은 성과를 거둘 수 있다고 믿는다. BCS의 상황을 두려움의 분위기라고 부르든 심리적 안전감의 상실이라고 부르든, 이로 인한 효과는 사기를 떨어뜨리고 개방성을 훼손했으며 기업의 대응 역량을 위협했다. 반면에 심리적 안전감을 지키면 단기적으로는 제품 출시 속도가 느려지겠지만 장기적으로는 회복력과 독립성을 키울 수 있다.

겸손한 리더십의 과제

사례 1의 브라이언 이야기와 BCS의 흥망에는 공통된 패턴이 있다. 그것은 관습적인 가치 중 운영 효율과 수치 기반 리더십이 협력적 효과성보다 선호됐다는 점이다. 심지어 BCS는 유연하고 개방적인 사회문화를 옹호하는 신생 기업인데도 관습에 얽매였다. 개방적이고 신뢰하려는 의도는 있었지만 운영 효율을 추구하는 태도가 팽팽한 균형을 깨는 요인이자 약간의 역풍이 됐다.

기술문화와 사회문화의 요인들은 조직 차원뿐만 아니라 개개인의 차원에 이르기까지 역동적이며, 해변 비유에서 보듯 변화를 일으켜 새롭고 더 나은 일을 하는 과정은 직선적인 경우가 드물다. BCS에서는 직선적이지 않은 발전의 개념을 볼 수 있다. 역동적이고 반응적이며 유연한 소통을 중시하는 사회문화에 안타까운 부작용이 있다는 사실이 뚜렷하게 드러났다. 엔지니어들은 매일 매 분 업무 흐름을 방해받은 탓에 코딩 작업 완수에 애를 먹었다. 사무실 내부가 탁 트여 있어서 선임 엔지니어들조차도 시각적 공해와 소음에 노출됐다. 이 문제를 해결하기 위해 '방해하지 마시오' 신호를 보내는 수법이 개발됐다. '문을 걸어 잠그고' 싶은 사람들은 모니터와 키보드 옆에 주황색 미니어처 교통콘(공사 구간을 표시하는 원뿔형 시설물이다-옮긴이)을 올려놓고 방해하지 말라는 신호를 보냈다. 기발한 해결책이었지만 신호는 대부분 무시당했다. 이런 직접적이고 간단한 수법으로는 거대한 사회문화를 바꾸기에 역부족이었다. 그렇긴 해도 잦은 업무 방해의 위험성에 대한 인식을 넓히는 데는 효과적이었으며, 사회문화에 필요한 변화는 실제로 이런 작은 발걸음(또는 작은 파도)에 의해 진행된다.

겸손한 리더십의 과제는 기술문화의 어느 측면이 (파도에 빗대자면) 우리가 타야 할 순풍이고 어느 측면이 새롭고 더 나은 것에 저항하는 역풍인지 파악하는 것이다. 관습적 가치(즉, 옹호되는 가치와 기본 가정) 중에서 새롭고 더 나은 것을 만들어내려는 의도에 부합하는 것은 무엇이고 부합하지 않는 것은 무엇인가? 거시문화 추세 중에서 활용할 수 있는 순풍은 무엇인가? 겸손한 리더십을 향한 움직임은 끊임없는 파도와 피드백 루프에 올라탄 문화 변화의 리더십이다. 심리적 안전감, 개방성, 신뢰(적응적이고 변모하는 조직의 위아래 사방에서 맺어지는 2단계 관계)로 대표되는 적응적이고 유연한 조직에서는 이 과정이 가속화된다.

✓ 요약

겸손한 리더십과 2단계 관계가 조직의 다양한 부문에서 생겨나며, 의도적 혁신이 기존 관습과 어긋날 수 있음을 살펴봤다. 하지만 구태의연한 관리 문화가 **고독한 영웅**이나 단순한 **기계 모델**에 깊숙이 의존할 때가 많기 때문에 많은 변화 시도 사례가 1단계 업무적 관계 행동으로 퇴행하는 경우도 비일비재하다.

2단계 관계와 겸손한 리더십이 확산할 수 있음을 보여주는 최고의 지표는 아이러니하게도 뒤죽박죽인 문제가 더 잦아지고 생존의 중요성이 어느 때보다 커질 때다. 그런 도전을 맞닥뜨리면 리더들이 조직의 생존과 성장을 위해 '눈으로 보고' 적응하는 능력을 강화하고자 겸손한 리더십을 추구할 수도 있기 때문이다.

토론을 위한 질문

- 자신이 정기적으로 방문하는 기업의 어떤 관습이 눈에 띄는가? 그것에 대해 생각해보자. 한눈에 들어오는 것은 어떤 것들인가? 그 조직의 남다른 문화 요소에 대해 어떤 추론을 할 수 있겠는가?

- 당신이 아는 기업 중에서 '우리의 가치' 선언을 공개된 장소에 게시하는 곳이 있는가? 당신이 관찰할 수 있는 관습들은 그 가치와 일치하는가?

- 기업의 관습과 가치 사이에 불일치가 관찰된다면 조직운영에 실제로 작용하는 기본 가정과 관습에 대해 무엇을 추론할 수 있겠는가?

# 7

겸손한 리더가
내다봐야 하는 미래문화

앞을 내다보며 단언컨대 겸손한 리더십의 중요한 과정 중 하나는 적극적 문화 관리다. 이것은 순풍과 역풍을 인식하고, 새롭고 더 나은 것을 하려는 의도를 관습이 방해하는지 간파하고, 지금 여기에서 사회적 조직이 우리의 변화 노력에 어떻게 일조하거나 역행하는지 아는 것이다. 그런데 이 모든 과정에는 여전히 빠진 조각이 하나 있다. 그것은 미래를 계획하는 적극적인 시나리오 플래닝이다.

우리는 기술문화 내에서 늘 시나리오 플래닝을 실시한다. 자원 관리의 인구통계와 거시 경제적 동향을 예측하고 기술과 정치적 변화를 예견하려 애쓰며 기후 변화와 관련해 무슨 일이 벌어지는지 주시한다. 문제는 우리의 미래에 미치는 **문화적** 영향(이를테면 새롭고 더 나은 것의 추구를 방해하거나 촉진할 수도 있는 대규모 추세)을 계획하는 데에도 똑같이 신중을 기하고 있는가다. 기술과 거시경제의 미래에 기울이는 노력만큼 거시문화에도 노력을 기울여야 할까? 이 물음에 답하기 위해서는 거시문화 개념에 **메타문화**라는 차원을 덧붙여야 한다. 거시문화는 조직의 사회·기술문화가 '실천'되는 폭넓은 환경인 반면에 메타문화는 어느 날 우리 조직에 영향을 미칠 것이라고 (어느 정도 확실하게) 예측되는 **미래의 문화적 추세**들이다.

문화 시나리오 플래닝은 까다로운 과정처럼 들린다. 본질적으로 이것은 모호하고 긴가민가한 것을 예측하려는 시도다. 그러니 장황하게 설명하는 것보다 과학 소설가 윌리엄 깁슨이 격려의 취지로 했던 말을 전하는 게 낫겠다. "미래는 이미 와 있다. 고르게 퍼져 있지 않을 뿐이다." 추세는 이미 와 있다. 시간을 내어 보고 듣기만 하면 된다. 우리의 용어인 메타문화를 쓰든 **미래문화**라고 부르든 우리는 상황적 겸손을 갈고닦아 현재 모습을 드러내고 있는 문화 추세가 (설령 고르게 퍼져 있지 않더라도) 거시문화, 사회문화, 기술문화에 영향을 미치고 있으며 따라서 겸손한 리더십 분석 틀의 일부가 돼야 한다는 것을 간과할 수 있어야 한다. 어떤 팀이 메타문화 '브레인스토밍'(또는 구상 과정)에서 내놓는 가상의 결과물에 대해 생각해보자.

겸손한 리더가 유념해야 하는 여섯 가지

지구·사회적 연결, 기후 변화, 사회 정의, 디자인적 사고, 수평적 조직디자인, 긱 경제, 대퇴사Great Resignation, 자기관리팀self-managed team, 일-삶 통합……

목록은 끝없이 이어질 수 있다. 변화가 시도되는 모든 문화적 맥락이 유일무이하듯 모든 겸손한 리더십 시도에는 우리가 유념하고 활용해야 할 유일무이한 메타문화 차원이 있다. 메타문화 브레인스토밍 과정에서는 새로운 주제가 등장할 것이고 이 중 상당수는 문화적인 시나리오 플래닝의 중심 사안이 될 것이다. 여기서는 앞의 브레인스토밍 사례를 토대로 겸손한 리더가 유념해야 하며 (더 거센 메타문화 추세인 역풍을 거스르지 않는 경로를 따른다면) 순풍으로 활용 가능한 주제를 더 제시하겠다.

1. 내용보다 맥락을 중요시하라. 성공하는 리더는 맥락과 과정을 강조하고 내용과 전문성에 대한 관심을 부쩍 줄여야 한다

리더십의 미래를 다루는 논의가 인공지능(AI)의 영향에 대한 고민에서 출발하는 것은 놀랄 일이 아니다. 우리를 비롯한 많은 사람은 '생각'하고 결정하며 업무를 지시하는 분산 마이크로프로세서 집합(인공지능)에 의해 거대한 경제 영역, 산업 부문 전체, 적잖은 범주의 업무가 영구적으로 변경되거나 사라질 것이라고 생각한다. 일부 범주가 남달리 취약하다는 점은 의심할 여지가 없다. 넓게 보자면 거래 업무(이를테면 자본 시장에서의 거래)는 AI 활용도가 무척 크기 때문에 '거래인' 역할 자체가 위태로워질 것이라고 생각할 수 있다.

업무적 역할이 AI나 데이터 증강에 더 취약하다는 게 사실이라면 내용과 업무 관리보다 인간적이고 맥락적인 처리, 즉 회복력이 큰 2단계 관계를 맺는 쪽에 더 큰 보상이 주어지도록 역할을 재정의하는 게 우리의 과제일 것이다.

AI로 증강된 미래에도 겸손한 리더십 역량이 여전히 중요한 이유는 또 있다. 사람들이 아는(안다고 생각하는) 것은 예전보다 가

치가 낮아질 것이다. **모든 사람**이 같은 정보에 접근할 수 있게 되면 또한 새로운 일을 할 때 정보 결핍이나 전문성 격차보다는 조직에서 작용하는 실현 과정이 더 중요해지면, 선견지명을 지닌 전문가로서의 리더는 (정보 우위가 성과 우위로 연결되지 않는) 수확체감의 시점에 도달하게 된다. 모든 사람이 알거나 알 수 있으면 리더는 더는 유일한 전문가가 아니다. 군중 속의 1인일 뿐이다!

이렇게 '평탄화'가 일어나는 데는 AI가 전파되고 AI 활용 훈련을 받은 사람들의 기술이 보급되는 탓도 있다. 무한한 처리 능력(사실상 한계가 없는 클라우드 컴퓨팅 능력과 저장 용량)을 바탕으로 제작된 신경망은 점점 '지능'에 가까워질 것이다. 대부분의 사람은 자신이 찾는 개념을 정밀하게 예측하고 취합하며 맞춤화해 역동성을 불어넣는 검색 엔진의 능력이 완벽에 가까워졌음을 실감했다. 겸손한 리더는 정보에 대한 접근권과 독점권만 가지고는 지휘통제 위계질서를 유지할 힘을 더는 발휘할 수 없음을 깨달을 것이다.

심지어 오늘날에도 데이터베이스를 탐색해 질문의 (거의 완벽한) 답을 찾는 속도는 아찔할 정도다. 초등학교 입학 전부터 온라인 검색법을 배운 '디지털 네이티브'의 경우는 더더욱 그렇다. 지금으로부터 10~20년이 지나면 데이터 과학을 훈련받고 최신 검색어 생성에 뛰어나며 훨씬 강력한 네트워크 기기를 갖춘 직원이

겸손한 리더가 내다봐야 하는 미래문화

나이 든 학습자를 훌쩍 뛰어넘는 정보 통합 우위를 누릴 것이다. 심리학자이자 경제학자 대니얼 카너먼[25]에 따르면 이 격차를 더 벌리는 요소가 있다. 나이 든 '전문가'는 자신이 안다고 생각하는 것을 과신하고 자신이 배운 것을 믿는 경향이 있으며 자신의 무지를 인정하고 배워야 할 것을 받아들이기를 꺼려 한다. 이에 반해 젊고 호기심으로 충만하고 AI를 능수능란하게 다루는 디지털 네이티브는 더 넓고 유연한 지식을 재빨리 발달시킨다. 나이 들고 경험에 얽매인 '전문가'의 지식은 심층적이지만 제한적인 반면에 젊은 디지털 네이티브의 지식은 적응적이면서 어쩌면 더 적절할 것이다. 이 폭넓은 메타문화 추세는 이렇게도 묘사 가능하다. 젊은 직원들은 나이 든 동료에 비해 경험이 부족할지는 몰라도 특정한 자료 수집 업무에서는 훨씬 유능할 수도 있다. 이때 겸손한 리더십은 최선의 결정을 내리는 데 필요한 정보를 확대하고 보급하기 위해 다양한 연령의 사회적 맥락을 들여다보는 데 유익하다.

토머스 프리드먼은 《늦어서 고마워》에서 우리가 인공지능을 실제로는 'IA', 즉 '똑똑한 도우미intelligent assistance'로 경험한다고 주장한다.[26] 이것은 중요한 발상의 전환이다. 자동화가 인간 일자리

---

25   2021
26   Friedman, 2016, p.199

의 종말을 뜻하는 것이 아니라 다른 일자리와 어쩌면 더 나은 일자리를 뜻할 뿐임을 상기시키기 때문이다. 겸손한 리더십은 이 똑똑한 도우미 개념을 토대로 정보가 특정 맥락에 접목되고 복잡한 과업에 활용되는 과정을 처리하는 인간 능력을 강화할 수 있다.

정보를 많이 얻을수록 간극이 깊어져 가진 정보를 명확하게 하기 위한 정보가 더 많이 필요해진다는 사실은 잘 알려져 있다. 이 패턴은 분석에 너무 많은 시간과 노력을 들이느라 실행을 하지 못하는 '분석 마비analysis paralysis'로 이어질 때가 많다. 겸손한 리더십은 집단 의미 찾기 작업을 조율하는 데 일조하고 이를 통해 허심탄회한 대화를 위한 맥락을 조성해 적절한 의사결정 절차를 선택할 수 있다. AI는 알고 있는 모르는 것을 찾아내는 데는 매우 효율적일지 모르지만 겸손한 리더십은 모르고 있는 모르는 것에 대처하는 회복력이 있다. 이를 위해서는 2단계 관계를 맺어 서로의 반응을 공유, 감지, 성찰해 불확실성을 함께 헤쳐나가야만 한다.

2. 겸손한 리더는 부족주의(문화 전쟁)에 맞서야 하며 무의식적 편견에 얽매이지 않는 관계를 맺어야 한다

우리가 이 책을 쓰는 지금 세대는 정치, 사회, 인구통계, 경제가 믿기지 않을 만큼 양극화돼 있다. 양극화는 2018년 초판이 출간된 뒤로 점점 심해져갔다. 우리의 집필 장소인 실리콘 밸리의 크고 작은 혁신 기업에서는 성차별과 성희롱이 만연하다. 이 시간과 장소에 존재하는 수많은 신생 기업이 다른 면에서는 얼마나 전향적인지 생각해보면 충격적인 실태다. 이런 심각한 실존적 문제에 완전히 새로운 해결책을 내놓는 것이 우리의 목표가 아니다. 다만 다음과 같은 개념을 제시하고자 한다. 겸손한 리더십의 바탕은 무의식적 편견을 넘어서거나 이면을 바라보는 전인적 존재들 사이에서 발전하는 관계다. 편견, 차별, 배제, 학대가 벌어지는 상황에서 효과적인 2단계 관계를 맺는 것은 불가능에 가깝다.

겸손한 리더십의 향후 과제는 (젊은 세대에서 뚜렷이 드러나는) 본질적으로 더 관용적인 태도를 전 세계에 퍼져 있는 효과적인 팀들에 보급하는 일일 것이다.

명시적 편 가르기와 배제가 전반적으로 줄어들고 있을지라도 전체의 일부인 팀, 그룹, 부문 사이에서 나타나는 무의식적 편견은 여전히 맞서 싸워야 할 문제다. 겸손한 리더십은 이 편견들을 이겨낼 방법을 찾아야 한다. 무엇보다 자신의 편견을 극복해야 한다. 신뢰와 개방성을 확립하는 능력이 편견 때문에 방해받으면 참된 2단계 관계로 발전할 수 없기 때문이다. 리더가 무의식적 편견에 치우쳐 직원, 이사회, 이해 당사자 등을 전인적 존재로 보지 못하면 영향력을 온전히 발휘하지 못하며, 자칫하면 편견을 버리고 무한히 다양한 전인적 존재와 2단계 관계를 맺는 법을 배운 다른 리더로 대체될지도 모른다.

3. 겸손한 리더는 개인적 권력 남용에 맞서야 한다

리더십은 언제나 모종의 권력을 행사해 새롭고 더 나은 것이 생겨나도록 한다. 이때 경계해야 할 게 권력 남용이다. 이 현상은 전통적인 엄격한 위계질서에 국한되지 않는다. 새로 자리에 오른 겸손한 리더는 자신이 주변 사람들보다 우월하다고 생각하려는 유혹에 저항해야 한다. 리더가 잠재적 추종자들보다 높은 지위에 있을 때는 더더욱 조심해야 한다. 속도를 중시하는 환경에서는 유혹을 더 심하게 느낄 수 있다. 이런 상황에서는 리더가 권력을 서둘러 행사하는 경향이 있기 때문이다. 경영학자 제프리 페퍼가 《파워Power》에서 언급했듯 권력을 남용하는 사람은 단기적으로는 곧잘 성공한다. 조직심리학자 애덤 그랜트가 《기브 앤 테이크》에 썼듯이 '테이커taker'(권력을 남용하는 이기적인 사람)가 단기적으로 성공하는 이유는 한 사람이 이익을 얻으면 다른 사람이 손실을 볼 수밖에 없는 제로섬 게임을 전제로 삼기 때문이다.

이타심보다 이기심을 우대하는 개인주의적 보상 체계에도

불구하고 자기중심적 권력 남용이 장기적으로 성공하는 경우는 드물다. 문제는 과대망상증 환자, 우상 파괴자, '영웅'이 권력을 남용하면 후계자가 조직 내에서 2단계 관계를 형성하더라도 개방성과 신뢰를 재구축하는 데 훨씬 오랜 시간이 걸린다. 조직심리학자 로버트 서턴은 나쁜 행동은 좋은 행동보다 다섯 배 강력하다고 말했다.[27] 이 말은 겸손한 리더가 구성원들과 최적의 업무 관계를 맺고 유지하려면 상호신뢰와 개방성의 긍정적 리더십 행위가 부정적 행위보다 현저히 많아야 한다는 뜻이다. 리더는 자신보다 지위가 낮은 동료를 대할 때 직업적 거리나 무관심 때문에 못되게 굴기 쉽다. 하지만 개방적이고 신뢰하는 2단계 관계가 확립되면 못되게 굴기가 훨씬 어렵다.

일터에서 더 나은 처우에 대한 요구가 커지고 있다는 증거가 메타문화에서 나타나는 지금, 겸손한 리더십은 이러한 시대정신에 일조하고 있다. 겸손한 리더십은 관용, 존중, 전인적 존재들이 맺는 개인적 연결의 가치를 중시한다. 그렇기에 겸손한 리더십으로 대표되는 길은 정적이고 업무적인 조직관계에 일반적으로 (학대까지는 아니더라도) 무관심한 권력역학관계보다 바람직하다.

---

[27] Sutton, 2007, p.170

4. 겸손한 리더는 집단이 직원, 이해 당사자, 고객의 요구에 맞춰 더 민첩하고 적응적이며 협력적으로 리더십을 수정하는 데 도움이 된다

모든 것이 주문형으로 생산되어 고객에게 직접 배송되는 비스포크bespoke 추세는 지금까지도 막강한 위력을 발휘하고 있다. 미래를 추구하는 조직에 몸담은 직원들은 "모든 것을 맞춤형으로 생산하고 아무것도 허비하지 않는다"라는 구호를 매우 중요하게 여길 것이다. 개인화는 인사에 더더욱 필수적인 요소가 되고 있다. 각 직원의 개인적 요구와 이해관계에 딱 들어맞는 혜택과 인센티브를 맞춤형으로 제공할 수 있기 때문이다.

일반적으로 생각해보면 경쟁으로 인해 많은 기업이 맞춤형 제품 및 서비스 요구에 직면한다. 이를 위해 유통 부문은 정보 흐름을 공유하고 현지의 시장 결정이 고객이 있는 곳에서 이뤄질 수 있도록 매우 효과적인 소통 채널을 마련해야 한다. 부서나 심지어 제품 수준에서 겸손한 리더십은 막힘없는 양방향 정보 흐름을 토대로 삼으며, 이를 통해 다양한 비스포크 제품과 서비스 요구를 충족하는 본질적 '자기관리'라는 이점을 얻는다. 자기관리팀을 운영하는 것이 혼란스러워 보일 수도 있겠지만, 뷰카를 기회로 삼으려고 노력하는 많은 업종에서는 이미 이 방식을 도입했다.

비스포크 산업이 주도하는 미래에는 엄격히 정의된 직무 역할 내에서 질서 유지에 치중하는 리더십보다는 관계 설계에 유능한 리더십이 훨씬 적절할 것이다. 시장이 맞춤형 대응을 요구할 때 리더십 과제는 맞춤형 제품과 서비스를 공급하고 끊임없이 적응하는 관계와 민첩성을 갖춘 유능한 참가자들로 이뤄진 '고성과자 팀'[28]을 꾸리는 것이기 때문이다.

5\. 겸손한 리더는 글로벌하고 유동적인 세계에서 관계와 업무 집단을 조직하는 법을 영구적으로 재고해야 한다

중앙 집중화된 조직과 권위주의적 성격은 모든 것이 분산되도록 뒤틀린 세상에서는 성공하지 못한다.[29]

혁신적 조직을 가장 훌륭히 묘사하는 표현은 '변신하는 조직 shape-shifting organization'이다.[30] 이런 조직에서는 명령과 비밀이라는 낡은 거래적 교환 행동은 보상받지 못하며 리더십은 유기적으로 발휘된다. 위계질서는 여전히 존재하지만 때에 따라 나타났다 사라질 수 있으며,[31] 조직의 에너지는 누가 누구를 위해서 일하는가

---

28 Ricci & Weise, 2011
29 Johansen, 2017, p.148
30 Johansen, 2017
31 Johansen, 2017

보다 협력적 관계 맺기가 더 강력하게 작용하는 변방에서 생겨날 것이다. 우리 관점에서 2단계 관계의 신뢰와 개방성은 조직의 최상부에서 말단까지 리더와 추종자를 이어주는 필수적 연결 부위다. 하지만 무엇이 공명하는지, 무엇이 끈질긴지, 무엇이 정말로 중요하고 무엇이 그렇지 않은지를 리더가 자신의 팀과 함께 끊임없이 들여다보고 점검하지 않으면 연결은 일어나지 않는다.

집단역학과 회의 관리 훈련에서는 이것을 '목표 합의에 대한 빈번한 점검 frequently testing goal consensus'이라고 부른다. "우리가 전부 한마음인지 확인해봅시다. 우리는 무엇을 위해 노력하고 있나요?"라고 묻는 것, 그리고 지리적으로 분산된 글로벌 조직에서 이렇게 하는 것은 어느 업무 집단에서든 2단계 관계 형성의 중요한 과정이 돼야 한다. 글로벌한 유동적 연결망 덕분에 이 일이 기술적으로 가능해지긴 했지만, 리더십의 과제는 집단 성찰과 집단 의미 찾기를 촉진하는 것이어야 하며 이를 통해 언어와 문화의 경계를 가로지르는 공통의 이해를 구축해야 한다.

6. 조직이 더 글로벌하게 확산됨에 따라 겸손한 리더십은 물리적임과 동시에 가상에서도 존재해야 한다

지금이나 미래나 겸손한 리더가 내려야 하는 가장 중요한 결정 중 하나는 조직 내 직속 하급자 및 핵심 기여자와 2단계 관계를 확립하고 유지하는 데 어느 정도의 물리적 인접성이 필요한지 판단하는 것이다. 언제나, 심지어 변화하는 조직에서조차 고위급 리더는 말단 직원들을 직접 대면하는 일에 시간을 할애해야 한다.

코로나19 대유행과 2020년 봄, 전 세계 재택근무 명령으로 인해 화상 회의를 (채택하지는 않더라도) 용인하는 새로운 기준이 강요됐다. 우리는 다양한 형태와 규모의 기업들이 이 극적 변화에 훌륭히 적응하는 것을 봤으며, 우리가 맞닥뜨린 상황은 다양한 수준의 '하이브리드' 근무(재택근무와 사무실 근무의 조합)에 사람들이 얼마나 관용적인지 보여주는 흥미로운 바로미터였다. 하지만 몇 달이 지나고 몇 해가 지나자 코로나19에 대한 피로와 사회적 욕구로 인해 모든 가상 업무에 저항하는 '역류'와 사무실로 돌아가게 해달라는 외침이 생긴 것은 놀랄 일이 아니다. 하이브리드 근무 스펙트럼에서 기업이 안착하는 지점은 사회문화만큼이나 제각각이다. 겸손한 리더십의 관점에서 가장 중요한 것은 개방성과 신뢰의 기틀을 마련하는 것이다. 그러려면 각각의 업무 맥락에 어느 정도의 하이브리드가 알맞은지를 동료, 직속 하급자, 관리자, 리더와 공유하도록 직원들을 격려해야 한다.

우리가 생각하기에 하이브리드 근무 모델을 최적화할 시점은 신뢰와 개방성을 구축하기 위한 **최초 회의다**. 우리에게는 여전히 인간적인 연결이 필요하다. 이 유대감은 업무 외 시간에 형성되며 정수기 앞, 복도, 점심 먹으러 가는 길, 일과 후 술집에서의 대화를 통해 다져진다. 우리는 향후 몇십 년간 타인의 인도물 deliverable(분석 지표)을 관리하는 데 시간을 할애하는 빈도나 강도가 감소하는 것을 보게 될 것이다. 이는 겸손한 리더의 핵심 역량 중 하나가 **인간미 불어넣기**라는 우리의 견해를 뒷받침한다. 이 개념은 집단이 한 공간에 있을 때 열린 소통을 빠르게 확립하는 능력을 일컫는다. 그러면 대면 회합을 더 자주(특히 화상 회의가 더 효율적인데도) 열어야 한다는 강박에서 벗어날 수 있다. 이상적 상황은 겸손한 리더십이 불통 해소보다는 추진력의 공동 창조라는 목적을 위해 물리적 대면을 활용하는 것이다.

✓ 요약

1장에서 소개한 겸손한 리더십의 과제는 기술적 효율의 관리와 사회적 협업의 올바른 균형을 맞추는 것이었다. 물론 두 가지는 상충하므로 언제나 득실을 따져봐야 한다. 그럼에도 우려스러운 것은 기술적 효율의 관리를 지향하는 힘이 (협업을 통한) 사회적 효과를 지향하는 힘보다 크다는 사실이다.

우리는 수치에 현혹되기 쉽다. 까다로운 결정을 내릴 때 객관적 수치에 매달리면 매우 편안하다. 그래서 많은 공개 기업과 사기업의 회계나 보고 체계는 자동화 시스템에 투자하고 '사회적 사안'에 대해서는 알아서 해결되도록 내버려두는 조치를 우선시한다. 우리가 기술문화의 실천에 대해 보고 들을 때 사회문화, 거시문화, 메타문화와의 **연관성**에 유념하라고 강조하는 것은 리더들이 끊임없이 수치와 실적을 미세 조정하는 일에서 벗어나 사회적 협업에 투자하도록 독려하기 위해서다. 그러면 기술문화와 사회·거시문화가 발맞춰 새롭고 더 나은 것을 추구할 수 있다.

다시 말하지만 기술적 효율에 대한 인적 투자 감축을 제안하는 것은 아니다. 자동화 체계를 조합하거나 공급 사슬, 인사, 회계 및 급여, 재무, '애자일agile'(민첩한) 제품 개발 등에 증강 지능을 활용해 더 자연스럽게 '자체 해결'할 수 있는 것은 오히려 기술적 효율일 것이다.

사회문화와 기술문화의 나란한 발전을 이해하는 데 초점을 맞추면 겸손한 리더가 통찰을 얻어 이 변화를 밀고나가는 데 필요한 순풍을 맞을 수 있을까? 메타문화가 사회·기술문화에 어떤 영향을 미칠 것인지 나열하고 규명하기 위해 일사불란하게 노력하면 변화를 위한 순풍을 일으키고 새롭고 더 나은 것에 저항하는 역풍을 예측할 수 있을까?

우리는 두 질문에 대한 답이 '그렇다'라고 믿는다. 변화 시도를 뒷받침하거나 방해할 수 있는 실천이 구조(관습적 사고)에 의해 흐지부지되지 않도록 상황적 겸손을 활용하려고 진솔하게 노력한다면 말이다. 하지만 조직에서 가장 영향력 있는(또는 자원과 정보를 가장 많이 가진) 팀 구성원들 사이에서 개방적이고 신뢰하는 관계를 발전시켜 지금 당장 이로운 관행을 구현하는 일은 꼭 필요하지만 이것만으로는 충분하지 않다. 겸손한 리더는 지금 무슨 일이 일어나는지뿐만 아니라 앞으로 무엇이 다가올지, 그리고 무슨 일이 일어날지에도 예리하게 초점을 맞춰 새롭고 더 나은 것의 그림에 색을 칠해야 한다. 겸손한 리더십으로 인한 변화는 현장에서 혹은 예측을 통해 실현될 수 있다.

토론을 위한 질문

- 당신이 주시해야 하는 메타문화 추세에 대해 브레인스토밍을 실시하자. 어떤 추세가 기대감을 선사하고 어떤 추세가 우려를 일으키는가?

- 이제 이 연습을 현재의 업무 상황에 적용하자. 당신의 조직은 "이미 와 있으며 고르게 퍼져 있지 않을 뿐"인 미래를 맞이할 준비가 되어 있는가? 조직을 위험에 빠뜨릴 추세를 목격했을 때 당신이 할 수 있는 일은 무엇인가?

8
겸손한 리더십이
해결해야 하는 과제

조직의 역사에서는 새롭고 더 나은 것을 제안하는 영웅적 혁신가의 사례를 수없이 찾아볼 수 있다. 남다른 자신감과 끈기로 모든 위험에 맞서는 독불장군 이미지는 우리의 과거를 대표하는 핵심적 신화로 남을 테지만 정상에서 홀로 결정하는 최고책임자라는 모델이 미래에도 유효할지는 의문스럽다.

뷰카의 영향을 받는 혁신 지향 산업에서는 고립되고 영웅적인 리더가 결정을 내리기 전에 완벽한 정보를 얻지 못하면 기업이 성숙해가는 과정에서 어려움을 겪을 것이다. 우리가 주장했듯 조직의 어느 층위에서든 겸손한 리더를 구별하는 특징은 최적의 2단계 관계를 발전시키는 재능이다. 더 나은 결정(혁신을 빠른 속도로 실행하게 해주는 결정)을 내리는 데 필요한 정보 흐름을 매끄럽게 공급할 수 있기 때문이다.

개인주의적이고 경쟁적이고 '운명은 오직 내 손 안에 있다'식의 사고방식을 가진 리더는 불확실성과 변동성에 대처하는 능력이 부족하다. 어떤 개인도 대량의 데이터를 처리하거나 시시각각 변하는 유입 정보를 효과적 전략으로 녹여낼 수 없기 때문이다. 명석하고 창의적이며 카리스마적인 우상 파괴자는 여전히 새롭고 더 나은 것을 제안하며 앞으로 나아갈 테지만 우리가 바라보는 미래에 가장 효과적인 리더십 역량은 '나 혼자' 망상보다는 '우리 함께' 사고방식에서 더 자주 드러날 것이다. 조직이 성장하고 다변화될수록 더더욱 그렇다.

하지만 '우리 함께' 사고방식을 품고 있더라도 조직은 여러 단계, 반복, 요동, 성장통, 팽창을 겪을 수밖에 없다. 중요한 기술 발전, 특히 통신과 전사적 소프트웨어 부문에서의 기술 발전은 기업이 규모 확대 혹은 축소에 결부된 기술적 과제에 대처하는 데는 유익했지만 인력 운용 체계에서도 같은 발전이 일어났던가? 조직에 가해지는 요구들 때문에 기술문화에서 빠른 방향 전환을 단행해야 할 때 사회문화를 쉽게 조정할 수 있을까? 서로 맺고 있는 관계를 조정하는 것은 힘든 일이다. 자동화할 수 없으며 저항도 따른다. 하지만 바로 여기서 겸손한 리더십의 기본적 설계 과제가 대두된다. 올바른 시점에 올바른 장소에서 올바른 수준의 관계를 맺기 위한 규범은 최적의 정보 흐름을 보장할까?

개방성과 신뢰를 정보 흐름의 토대로 삼아야 한다는 것을 강조하기 위해 우화를 하나 소개하고자 한다. 이야기에 등장하는 조직은 개방성, 신뢰, 공감의 기반 위에서 여정을 시작하지만 결국 -1단계 관계로 퇴행하고 만다. 이 이야기는 관료화로 치달은 거대 조직들의 실제 경험을 바탕으로 삼았다. 우화에서 묘사하는 추락이 겸손한 리더십의 핵심에 있는 관계들의 단계와 맞아떨어지는 것은 우연이 아니다. 이 경우, 관계의 단계는 2.5에서 -1로 낮아진다. 불행하게도 조직이 도리어 관료화되는 퇴행은 흔하디흔한 사례다.

조직 내 반감과 불신을
공감으로 전환하는 방법

당신은 히트 상품이 될 근사한 제품이나 서비스를 구상해 차고에서 창업하는 두 사람 중 한 명이다. 당신은 이 아이디어가 대단하다는 것을 안다. 시장 규모가 어마어마하다는 것도 안다. 선점 우위 효과를 누릴 수 있음을 안다. 당신과 공동 설립자는 이 개념이 현실화되어 고객의 손에 들어가기까지 오랜 기간을 투자할 각오가 되어 있다.

당신과 공동 설립자는 '껌딱지'처럼 붙어다니며 '이심전심'으로 죽이 맞을 것이다. 이것은 적어도 2.5단계 관계다. 이 혁신적 조직을 설립하는 데 드는 시간은 대부분 사회적 협업에 쓰인다. 기술적 효율을 관리하는 데는 아직 별다른 노력을 기울이지 않는다.

이제 회사를 설립해 성장하기 시작한다. 회사는 혁신과 높은 수익을 위해 직원을 확충하고 제품 및 서비스 라인을 확장해야 한다. 이 성장과 팽창 단계에는 높은 수준의 개방성과 신뢰가 필요하다. 당신과 공동 설립자가 모든 업무와 결정을 도맡을 수는 없으므로 정보를 공유하고 업무를 분담해 과업을 위임해야 한다.

하지만 소통 채널을 열어두고 신뢰 수준을 매우 높게 유지하는 데 집중하지 않는다면 이런 식의 성장이 불편하게 느껴질 것이다. 조직의 모든 층위에서 **인간미를 불어넣으려는** 의식적인 노력으로 형성된 2단계 관계는 스타트업에서든 건실한 기업에서든 성장에 있어서 필수적이다. 당신은 자신을 이 성장 단계에 데려다준 사회적 협업 가치를 고수하며 회사가 성장함에 따라 효율을 달성해줄 기술적 지표를 규정하기 시작한다.

당신과 공동 설립자는 해냈다. 아이디어를 다품종 및 다부문 글로벌 기업으로 키워냈다. 기업 규모를 확장시킬 각 분야 전문가들도 영입했다. 유럽, 아시아, 남아메리카 등지에 총괄 매니저를 채용했다. 이제 당신이 경영하는 회사는 야심차고 유능한 총괄 매니저들이 포진한 복잡한 조직이다.

여기서 문제가 꼬인다. 당신의 조직구조에는 직능 책임자와 지역 책임자 간의 소통 방식이 정의되어 있지만 이 정의는 기술적 효율을 유지하는 데 필요한 역할과 위임에 대한 것이다. 조직설계의 취지는 업무를 매끄럽게 위임하기 위한 것이지만 사일로를 조성하고 제로섬 경쟁 게임과 직업적 거리를 부추기는 부작용도 있다. 어쨌거나 당신의 직능 책임자와 지역 책임자들은 분기 예산에서든 인원 배정에서든 희소한 자원을 놓고 경쟁한다. 각 부문은 수치를 달성해야 한다는 압박에 시달리며 지표에 맞게 최적화되도록 균형이 이뤄진 탓에 혁신에 쓸 시간이 줄어들었다. 그렇게 1단계 관계가 지배적 양상이 된 것은 놀랄 일이 아니다.

당신과 공동 설립자는 이 점에서 의견이 일치한다. "우와. 우리는 스타트업에서 다국적 기업으로 성장했어. 그리고 파트너십에서 관료제로 발전했군." 여기서 당신이 각 리더들에게 기대할 수 있는 최선은 1단계의 직업적 거리다. 발칸화(balkanization, 어떤 집단이 적대적이거나 비협조적인 여러 개의 작은 소집단으로 쪼개지는 현상이다-옮긴이) 때문에 핵심 리더들 사이에 속임수와 기만이 벌어지지 않길 바랄 뿐이다.

그때 역경이 닥친다. 불경기로 자금줄이 끊기고 분기 실적이 저조한 탓에 조직은 비용의 고삐를 옥죌 수밖에 없다. 핵심 리더들은 극심한 압박에 시달린다. 당신뿐만 아니라 수익 성장을 계속 기대하는 대중과 시장도 그들을 압박한다. 어떻게 해야 핵심 리더들이 수익 성장을 회복할 수 있을까? 진로 개발과 직원 참여에 집중할 시간이 좀처럼 나지 않는다. (자기관리팀 같은) 참신한 조직설계를 실험할 여력도 없다. 당신과 리더들은 '디자인적 사고'의 힘을 믿지만 이것은 신제품 아이디어에만 적용된다. 허리띠를 졸라매야 하는 지금은 수익성을 회복할 기술적 효율을 찾아내는 데 초점을 맞춰야 한다. 안타깝게도 역경의 불가피한 결과 중 하나는 인원 감축이다. 당신과 공동 설립자는 직원의 10퍼센트를 해고해야 한다는 직능 및 지역 책임자들의 권고를 받아들인다.

인력 감축에서 '살아남은' 많은 임직원 사이에서는 지위고하를 막론하고 불신과 두려움이 팽배한다. 그들은 다음 분기에 또 다른 정리해고가 단행될지 모르니 좋은 성과를 거둬야 한다는 압박감을 느낀다. 이 두려움의 부산물은 무엇보다 중견 관리자들에게서 두드러지는데, 운영 지표를 개선해야 한다는 직접적 압박을 받는 부서장들이 심리적 안전감의 감소를 악용하기 때문이다. 지표를 개선할 직원이 줄었기 때문에 다들 적은 인원으로 더 많은 일을 해내야 한다는 부담감을 느낀다. 하지만 불평등과 위험에 대해 목소리를 높이거나 불만을 제기할 엄두를 내지 못한다.

직원들은 자신이 관리자들에게 착취당하고, 외면당하고, 무시당하고, 지배당한다고 느낀다. 당신과 공동 설립자는 그 사실을 알고서 실망하고 심지어 충격을 받는다. 그런데 정작 관리자들은 자신 또한 상사에게 착취당한다고 말할 것이다. 이 회사는 2단계 관계와 사회적 협업을 토대로 설립됐으나 성장과 팽창 단계를 지나 수축 단계에 접어들었다. 이제 -1단계 관계가 만연하며 글로벌 사업의 일부 부문에서는 -1단계 관계가 더 '효율적'이라고 여긴다. 조직은 짧은 시간 안에 혁신과 팽창을 이뤄냈지만, 결국 관료화를 낳았으며 지표 추종과 착취적 관계라는 유독한 조합으로 이어졌다.

희소식은 당신과 파트너가 이 퇴행을 목격했다는 것이다. 당신은 너무 늦기 전에 바로잡을 방법이 있다고 믿는다!

우화의 두 창업자는 관료화의 흡인력을 실감했다. 멀찍이서 보면 사회문화 규범이 부서 내의 연민, 열성적 공유, 공감에서 서로에 대한 무감, 못된 행동, 1단계 제로섬 경쟁, 결국에는 일자리가 위태로워진 상황에서의 불신과 반감(-1단계)으로 퇴행한 것을 알 수 있다. 성장과 팽창을 거치면서 관료적 행동(예: 내부 경쟁, 정보 은닉, 권력 자체를 위한 권력 획득)이 협력적이고 시너지를 내는 행동을 대체하자 기업을 떠받치던 겸손한 리더십의 토대가 허물어졌다.

우화 속 창업자들에게는 이 문제를 해결할 방안이 있었다. 우선 반감을 공감으로 대체해야 한다. 그들이 공감을 증진한 한 가지 방법은 부서 간, 그리고 직능 간 위원회를 설치해 소통 채널을 열고 속임수와 기만을 방지하는 것이었다. 새로운 의미의 사회적 협업에 대한 확신이 회복되자 창업자들은 고객과 시장에 관해 가장 많은 정보를 가진 조직 내 인사들에게 의사결정 권한을 돌려줬다. 의사결정 권한은 이제 경영진의 특권이 아니라 공유된 권리가 됐다(권리를 유지하려면 성과를 입증해야 했지만). 예산 권한도 의사결정 권한과 마찬가지로 분배됐다. 중요한 기술적 결정을 내리는 권한은 이 결정을 검증하고 승인할 예산으로 뒷받침됐다.

창업자들은 기업 곳곳에 있는 야심 찬 관리자와 겸손한 리더들이 다국적 조직 사방에서 개방적이고 신뢰하는 관계를 구축할 것이라고 믿었다. 그리고 자신들의 방안을 직원들에게 설명하면서 협력적이고 상호의존을 인식하며 시장 상황에 대응해 자원을 배분하는 유기적 조직상을 강조했다.

우리 이야기의 창업자들은 조직의 자아상을 '매끄럽게 기름칠한 기계(지나치게 관료화된 조직)'에서 유기적이고 살아 있는 체계로 재설정해야 한다는 것을 깨달았다. 겸손한 리더십 전환을 위해서는 조직 내 모두가 1단계의 업무적 관계에서 2단계의 인간적 관계로 돌아서는 새로운 움직임에 동참해야 한다. 관료화 이전의 소규모 유기적 파트너십은 백지에서 출발해 2단계 관계를 맺고 다질 수 있지만 그런 사치를 누릴 수 없는 기업이 2단계 관계를 재창조하고 재구축하는 사회적 과정에 착수하는 것은 언제나 힘든 일이다. 하지만 언젠가는 노력의 결실을 거둘 수 있다.

✓ 요약

조직은 성장과 시장 수용성의 부침을 맞닥뜨리며 흑자와 적자 주기를 겪는다. 이 요인들은 빡빡하게 통제되는 자원을 차지하려는 경쟁을 유발한다. 관리란 예산을 어떻게 배분할 것인가의 문제다("관리자를 한 명 더 뽑을 여력이 있을까?"). 이 맥락에서는 부서 간에 직업적 거리를 두는 관계가 전적으로 합리적이다("다음번 조직개편 때 상대 부서의 인력을 영입할 수 있을 만큼만 친분을 유지하라"). 하지만 여기서 함정은 타 부서를 향한 경쟁적 행동, 무감, 제로섬 행동이 기만으로 이어진다는 것이다. 1단계 관계로 퇴행하는 것은 단기적으로는 효율적으로 보이지만 장기적으로는 크나큰 역효과를 내고 심지어 조직을 무너뜨릴 수도 있다.

인체가 혈액을 적재적소에 보내듯 자원을 합리적으로 배분하는 리더는 체계의 성공을 위한 열쇠다. 겸손한 리더십은 상황과 관련자를 둘 다 파악한 다음, 그 정보를 이용해 새롭고 더 나은 것을 향해 회사의 방향을 정한다. 상황적 겸손을 실천하는 겸손한 리더는 상황의 변동성을 인지한 다음, 2단계 관계를 강화하고 활용해 유연하고 개방적인 조직 안에서 완전한 정보가 공유되도록 함으로써 조직이 끊임없이 도전에 적응하고 기회를 포착하도록 한다.

토론을 위한 질문

- 우화를 읽었을 때 자신의 조직에서 일어난 일이 떠오르는가? 관료화와 비슷한 경우를 본 적이 있는가? 당신에게는 조치를 취할 힘이나 의도가 있었나? 조직경계의 사방에서 개방적이고 신뢰하는 관계를 맺으려는 의도적 노력은 어떤 도움이 됐나?

4부

리더의 덕목 4
— 관계에 인간미 불어넣기

'9장 겸손한 리더십 발휘에 필요한 것'에서는 주변에서 벌어지는 일을 보고 이해하는 능력을 개발하는 데 초점을 맞춘다. 특히 당신이 지금 맺고 있는 관계 유형과 앞으로 더 효과적인 겸손한 리더가 되는 데 필요한 관계 유형을 살펴본다.

'10장 조직에 인간미를 불어넣는 방법'에서는 통찰을 업무에 적용해 겸손한 리더십 행동을 변화시키기 위한 연습 방법을 제시한다. 새롭고 더 나은 인간관계를 보고 제안할 기회는 집단이나 팀이 꾸려졌을 때 곧잘 찾아오므로 개인적 학습과 집단적 관계 구축을 촉진할 수 있도록 집단 상황에 가장 적절한 연습들도 포함했다.

9
겸손한 리더십 발휘에 필요한 것

겸손한 리더십이 효과를 발휘하기 위해서는 상황적 겸손과 2단계 관계 구축이 필요하다. 특히 우리가 맞닥뜨리는 문제가 뷰카를 겪는 업무 상황이라면 더더욱 중요하다. 이 모든 과정이 위태로운 이유는 다문화 세계에서 진행돼야 하기 때문이다. 그렇기에 다양한 분야에서 솜씨를 가다듬어야 한다.

우리는, 특히 서구에서는 관계보다 임무 완수를 중시하고 협력적 집단 관계보다는 직업적 거리를 유지하는 업무적 관계 중시의 관리문화 속에서 성장했다. 이런 탓에 목표를 충족하는 데 실용적으로 필요한 수준의 만남과 팀워크만을 마지못해 받아들이는 분위기가 조성됐다.

겸손한 리더십을 품은 사람은 가장 중요한 '새롭고 더 나은 것'을 위해 기존 문화 관습을 새로운 종류의 **의도적인** 사회·기술적 대응과 적응으로 승화해야 한다는 것을 종종 깨닫는다.

9장에서는 이 새로운 의도를 실현할 기술을 발전시킬 두 가지 아이디어와 절차 도구를 제시한다.

1. 관리, 집행, 리더십 문화의 서로 다른 측면들을 바라보는 관점을 넓히기 위한 집중된 성찰
2. 현재 업무 관계의 성격과 깊이를 분석한 다음, 더 효과적인 겸손한 리더가 되기 위해 어느 수준에서 관계의 깊이를 변화시켜야 하는지 결정하는 연습

연습 1:
마음챙김 성찰

눈을 감고 자신의 업무 경험을 회상해보자. 순조롭게 진행된 업무 프로젝트나 과업에서 동료, 관리자, 직속 하급자와 어떤 관계를 맺었는지 떠올려보자. 순조롭게 진행된 업무와 2단계 관계 사이의 상관관계가 보이는가?

기억은 우리를 속이며, 우리는 무엇이 중요했는지 곧잘 잊어버린다. 보상, 표창, 그 밖에 실질적 혜택이 생생히 떠오를지는 모르지만 이것들은 부차적이다. 사람들과 맺은 2단계 관계의 기억이야말로 가장 두드러진 성공으로 머릿속에 떠오를 것이다.

부정적 경험에서도 많은 것을 배울 수 있다. 그러니 순조롭게 진행되지 않았거나 부정적 잔재를 남긴 업무 상황을 떠올려보고 그 경험들 중에서 불충분하거나 부적절한 관계 수준과 상관있는 것이 얼마나 되는지 분석하는 연습을 반복하라.

생각해볼 것들

- 성찰을 통해 겸손한 리더십이 전에 깨닫지 못했던 것들과 어

떤 관계가 있는지 알아차린 과정을 친구나 동료에게 이야기해 보자.
- 서너 명의 집단을 구성해 통찰과 사연을 서로 비교하면서 미래 학습을 위해 집중해야 하는 공통의 요소들이 있는지 생각해보자.

집단 토의를 마무리하면서 5~10분간 토의 과정을 재검토하고, 만일 토의를 다시 하게 된다면 어떻게 할 것인지 이야기하라.

연습 2:
관계 지도 만들기

현재의 업무관계와 연결망을 상대적 관점에서 분석하면 각 단계가 조직에서 어떤 의미인지, 어느 지점에서 관계를 개선해야 하는지 파악할 수 있다.

당신과 상대방이 서로 상호작용에 대해 각각 어떻게 반응할지 예상할 수 있으면 관계가 존재하는 것이다. 관계는 정의상 상호적이어서 (심지어 정기적으로 상호작용하지 않더라도) 각자가 상대방에게 무언가를 기대하며 상대방에게 영향을 미친다.

관계 지도는 당신이 주변 사람들과의 관계에서 경험하는 것을 시각적으로 기록한 자료다. 이것은 자신의 삶에서 다른 사람들과의 상호작용을 강화하거나 재구성하는 관계의 성격을 주시하고 파악하는 방법이다.

1단계: 자신을 지도의 중심에 놓기

백지를 준비한다(A4 용지면 충분하다). 중간에 지름 2.5센티미터의 동그라미를 그리고 자신의 이름을 써넣는다.

2단계: 업무관계를 위한 동그라미

동그라미 주위에 함께 일하는 핵심 인물들의 이름을 쓸 같은 크기의 동그라미를 그린다. 이 과정을 진행하다 떠오르는 다른 핵심적 관계들을 위한 동그라미를 그릴 수 있도록 여백을 남겨둔다. 동그라미의 위치(당신의 이름이 적힌 가운데 동그라미 위에 있는지, 아래에 있는지, 옆에 있는지)를 이용해 조직 내 위계질서에서 상대방의 지위가 당신보다 높은지, 낮은지, 대등한지 표시할 수 있다.

3단계: 개인적 관계를 위한 동그라미

자신의 일과 개인적 삶에 영향을 미치는 핵심적인 가족과 공동체관계를 동그라미로 나타낸다. 배우자, 자녀 등이 이에 해당한다. 자신의 일과 삶에 영향을 미치는 또 다른 친척도 포함할 수 있다. 목표는 자신에게 영향을 미치고, 자신에게 기대하는 것이 있고, 자신과 **연결됐다고** 말할 수 있는 사람을 구체적으로 지목하는 것이다.

4단계: 상실한 관계나 미래의 관계를 나타내는 동그라미

이 지도에는 현재 작용하는 관계뿐만이 아니라 1) 상대방이 직장을 옮겼거나, 코로나19로 교류 방식이 바뀌었거나, 그 밖의 요인으로 변화되어 상실한 관계, 2) 되찾게 되리라 전망되는 관계도 포함돼야 한다.

자신의 업무관계, 가족관계, 공동체관계의 연결망을 온전히 그려넣을 수 있도록 하자. 내외부적 힘이 그 모든 관계에 어떻게 영향을 미치는지 나타내려면 이 연결망을 최대한 정확하게 시각화하는 것이 매우 중요하다.

5단계: 관계를 범주화하기

이제 가운데 동그라미와 (당신과의 관계를 나타내는) 나머지 동그라미를 각각 선으로 연결해 관계의 세기를 표현할 수 있다. 관계가 지속적이고 하루 일과의 대부분을 차지하는 경우에는 굵은 실선을 긋고, 관계가 별로 밀접하지 않은 경우에는 점선을 긋는다. 지금은 '강한 관계', '약한 관계', '먼 관계'의 의미를 직관적으로만 추측한다. 다음 단계에서는 당신이 그린 지도를 더 정확히 분석하는 관계 수준 분류 범주를 제시할 것이다.

마음을 열고 자신과 관계를 맺고 있다고 느끼는 중요한 사람들을 한 사람도 빼먹지 않도록 충분한 시간을 들여 떠올려보자(이 연습을 다른 사람과 함께하거나 집단적으로 하고 있다면, 각자 지도를 그린 다음 서로 비교해 빼먹은 관계 범주가 있는지 점검한다. 일터나 가정에 물리적으로 함께 있지는 않아도 당신의 일이나 가정생활에 영향을 미치는 사람이 있을지도 모른다).

유의할 사항이 하나 있는데, 자신과 상호작용하는 직능, 부서, 역할에 동그라미를 그리고 싶은 유혹이다. 이것은 첫 단계로는 무방하지만 이 연습의 주요 취지는 **특정인과의 관계에 초점을 맞추는 것이다.** 이 작업은 역할이 아니라 사람에 대한 것이므로 역할을 가리키는 동그라미를 그렸다면(이를테면 '법무', '외상', '인사'

-1단계 부정적 관계	교도관과 수감자처럼 권력의 불균등한 분배로 인한 지배, 억압, 비인간적 통제를 구사한다.
1단계 업무적 관계	서비스업과 소매업, 대부분의 '직업적' 조력관계에서 볼 수 있으며 역할과 규칙에 근거해 상대를 대한다.
2단계 전인적 관계	친구 사이의 우정 혹은 효과적이고 협력적인 팀에서 볼 수 있으며 신뢰와 인간미 불어넣기를 바탕으로 삼는다.
3단계 친밀한 관계	참가자들이 (연인이나 부부처럼) 총체적 상호 헌신을 공유하는 정서적으로 가까운 연결을 유지한다.

표9.1 관계의 네 가지 기본 단계

등) 다음 단계로 넘어가 그 역할을 수행하면서 당신과 상호작용하는 개인(들)을 구체적으로 떠올려보자. **역할관계라는 개념을 넘어서서 전인적 존재와 전인적 존재 사이의 관계를 표현하자.**

6단계로 넘어가기 전에 2장에서 설명한 개념들을 복습해보자.

관계의 단계를 나타내는 표(표9.1 〈관계의 네 가지 기본 단계〉)는 2장에서 소개한 것으로, 당신의 관계 지도를 더 분명하게 하는 데 도움이 될 것이다.

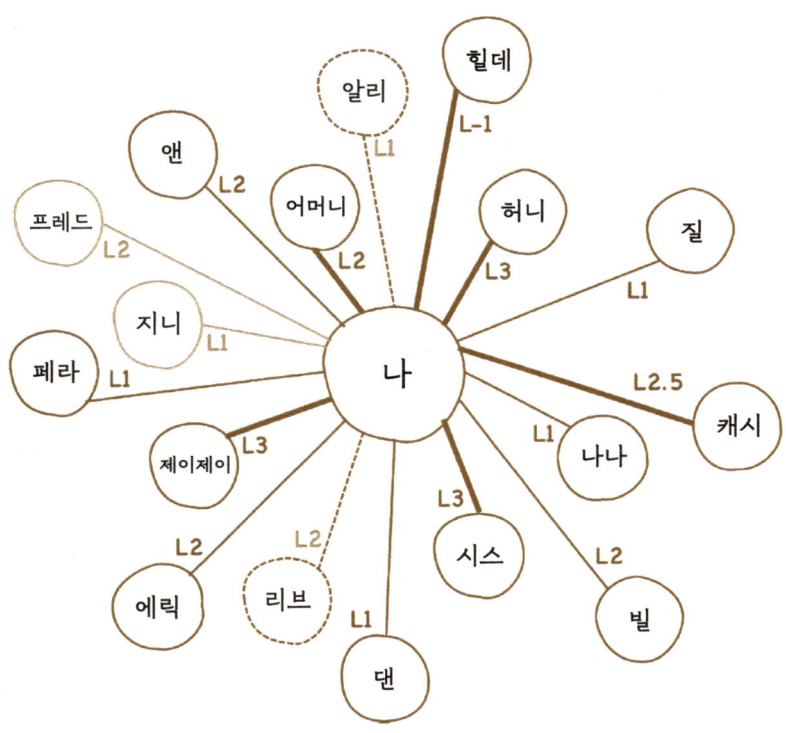

그림 9.2 관계 단계를 지도로 그리기

6단계: 선으로 관계의 세기 표현하기

지도(그림 9.2 〈관계 단계를 지도로 그리기〉)에서 각각의 연결의 세기를 어느 수준으로 표시할지 판단한다. 우리가 제시한 숫자(L-1, L1, L2, L2.5, L3)를 이용해도 좋고, 자신의 상황에 맞는 독자적인 분류를 이용해도 좋다.

관계의 사회적 범주를 구분하고 싶으면 지도를 여러 개 그려도 무방하다. 이를테면 업무, 가족관계, 그 밖에 미래를 계획하는 데 중요하다고 생각되는 범주 등을 별도로 나타낼 수 있다. 이 연습을 처음부터 철저하고 신중하게 했더라도, 시간이 지나고 관계가 달라지면 지도를 다시 그려야 할 수도 있다. 관계 지도는 삶과 일 균형의 복잡한 역학관계를 파악하는 데 도움이 된다. 이 지도가 지금을 위해서뿐만 아니라 미래를 전망하는 데에도 중요한 지침이 되길 바란다. 관계 지도 그리기 연습은 현재를 시각화하고 미래의 발전을 가늠한다는 점에서 유익한 결과를 낳는다. 이따금 필요할 때마다 지도를 다시 들춰볼 것을 권한다.

7단계: 2단계 관계 계획하기

2단계 관계로 표시한 선들을 유심히 살펴본 다음, 새 종이를 꺼내 관계가 인간적 단계에 도달할 수 있도록 당신이나 상대방이 무엇을 했는지 적어본다. 서로를 한낱 역할이 아니라 전인적 존재로 '보게' 해준 실제 행동을 떠올려보고, 당신이 더 심리적으로 안전하고, 더 개방적이고, 더 신뢰할 수 있다고 느끼게 한 행동을 찾아본다. 이 행동은 당신이 업무 경험에서 인간미를 불어넣은 사례들이다.

8단계: 리더십 목표 다듬기

이제 당신의 리더십 목표를 염두에 두고 미래를 전망해보자. 미래를 내다볼 때 당신의 지도에 있어야 하는 사람들이 있는가? 당신이 부여한 현재 관계 단계는 미래에 예상되는 업무 및 새롭고 더 나은 것을 추구하는 당신의 목표에도 적절한가?

9단계: 변화 계획하기

지도를 이용해 당신이 부여한 관계의 단계가 미래에 필요하리라 생각되는 것보다 낮은 경우와 관계를 진전시켜야 하는 사람들이 있는지 찾아보자.

다음은 이 과정에서 길잡이로 삼을 조언들이다.

- 상대방에 대한 내면의 **무의식적 편견**에 유의한다.
- 무지를 인정한다. 당신은 상대방에 대해 실제로는 **아무것도 모른다**.
- 상대방에게 **호기심**을 품는다.

관계를 맺기 위한 올바른 태도를 기르려면 자신의 실제 목표가 무엇인지 생각해야 한다.

다음 문장 중에서 당신의 동기를 묘사하는 것은 무엇인가?

- 당신이 **궁금하다**.
- **당신의 사연**을 알고 싶다.
- **당신**을 전인적 존재로서 **최대한 빨리** 알고 싶다.
- 당신을 '**볼**' 수 있길 바란다. 당신을 이해하고 당신의 상황에 공감하고 싶다.
- 당신이 내게 공감을 품었으면 좋겠다.
- 우리가 서로를 더 잘 이해하도록 당신을 허심탄회하게 대하고 싶다.

때로는 자신이 바라지 **않는** 것을 정의하는 것도 중요하다.

- 당신을 판단하고 싶지 **않다**.
- 당신을 진단하거나 분석하고 싶지 **않다**.
- 당신을 시험하고 싶지 **않다**.

✓ 요약

관계 지도는 업무에 연관된 중요한 관계를 시각화하는 방법이다. 이는 조직도나 업무 순서도와는 관련이 없다.

외부 요인에 의해 깨지기 전에 스스로를 깨려고 노력하는 역동적이고 변신하는 혁신적인 기업에서 관찰되는 관계 지도는 질서 정연한 순서도보다는 복잡한 신경계 그림과 더 비슷하다.

관계 지도에는 옳고 그름이 없다. 변화 시도에 대한 저항이나 역풍을 최소화하는 경로를 찾는 데 필수적인 연결을 시각화하기 위해 나름의 지도 제작법을 활용해도 좋다.

토론을 위한 질문

- 관계 지도에 근거해 어떤 방법으로 관계를 진전시킬 수 있겠는가?

- 새로운 관계를 맺거나 관계의 단계를 변화시키고 싶다는 의미에서 당신이 수정하고 싶은 관계를 한두 개 떠올려보자. 목표를 달성하기 위해서는 무엇을 해야 하는가?

- **인간미 불어넣기**가 어떤 모습으로 실행될지 예상해보자. 어떤 기술을 다듬거나 개발해야 하는가(다음 장에서 조언을 제시할 것이다)?

10

조직에 인간미를
불어넣는 방법

대부분의 사람은 사회·개인적 활동에 **인간미를 불어넣는** 법을 이미 알고 있다. 당신도 그 기술을 가지고 있다. 하지만 **업무 환경**에서 의식적으로 써본 적이 한 번도 없을 것이기 때문에, 그 기술이 무엇인지 생각하고 연습해 자신이 정한 새 목표를 위해 갈고닦는 시간을 들여야 한다. 상황적 겸손에 대한 다음의 집단 연습이 도움이 될 것이다.

정확하게 보기

연습 1: 레몬 연습

이 연습은 10~25명의 워크숍 집단을 꾸려서 실시하면 좋다. 시간은 약 30분이 걸리며 단계를 주관할 진행자가 필요하다. 우리는 새 집단을 결성할 때 이 연습을 즐겨 한다. 집단 내 지위고하를 막론하고 모든 참가자를 동등한 위치에 놓기 때문이다.

〈촉진자를 위한 안내〉

1단계

참가자 수만큼 레몬을 준비해 가방에 담는다.

2단계

참가자에게 레몬 하나를 골라 모양, 색깔, 질감 등 특징을 최대한 많이 찾아보라고 한다. 관찰 결과를 화이트보드에 적는다.

3단계

그런 다음, 각 참가자에게 가방에서 레몬을 하나씩 꺼내도록 한다.

4단계

다음과 같이 지시한다. "이제 자신의 레몬과 친숙해지세요. 꼼꼼히 들여다보고 자세히 기억할 수 있도록 메모하세요."

5단계

3분 뒤에 이렇게 말한다. "이제 파트너를 찾아 자신의 레몬을 상대방에게 소개하세요. 자신의 레몬에서 눈여겨본 점을 구체적으로 강조하세요."

6단계

3~5분 뒤에 레몬을 전부 가방에 담고, 빈 탁자나 바닥에 레몬을 쏟은 다음 이렇게 말한다. "자기 레몬을 찾아보세요." 시간은 참가 인원에 따라 5~10분이 걸릴 것이다.

7단계

모두가 레몬을 집었으면 이렇게 질문한다. "그 레몬이 자신의 것이라고 확신하는 분이 얼마나 되나요?"

8단계

대부분의 참가자는 다들 자기 레몬이라고 자신 있게 말할 것이다. 확신하지 못하는 참가자가 있으면 레몬을 서로 비교해보도록 한다. 그러면 거의 틀림없이 확신하게 된다.

9단계

이제 참가자에게 레몬에 대해 공동으로 관찰한 내용을 다시 살펴보도록 한 다음 이렇게 질문한다. "이 기준들 중에서 자신의 레몬을 찾는 데 도움이 된 것은 얼마나 되나요?" 여기서 요점은 참가자가 하나의 대표적 레몬을 바라볼 때에는 큰 틀에서 관찰하는 반면에 자신의 레몬을 가졌을 때는 자신의 레몬을 독특하게 만드는 세부 사항에 더 주목한다는 것이다.

10단계

참가자들에게 자기 레몬의 독특한 성질을 어떻게 발견했는지, 그 성질이 자신의 레몬을 남들에게 설명할 때 어떤 도움이 됐는지, 레몬 더미에서 자신의 레몬을 찾아내는 데 어떤 도움이 됐는지 논의하도록 한다.

> ✓ **요약**
>
> 서로 관계를 맺기 시작하는 방법을 생각할 때 이 연습이 어떻게 유익할 수 있을지 논의해보자. 레몬 한 개의 독특한 성질 중에서 자신의 분류 기준에 들어맞지 않는 것을 찾아내는 지각 능력은 사람과의 관계에도 적용된다.
>
> 관계 맺기 연습을 다른 사람에게 확대할 때 레몬의 경우와 똑같은 신중함이나 주의력, 겸손하게 질문하는 능력을 발휘한다면 연결과 공감을 얼마나 능숙하게 형성할 수 있을지 생각해보자. 레몬 연습은 정보와 맥락에 대한 무지와 호기심을 관계 맺기 초능력으로 탈바꿈시키는 법을 가르쳐준다.

관계의 단계를 바꾸는 행동

관계의 단계를 바꾼다는 것은 무슨 뜻일까? 더욱이 생판 낯선 사람을 상대하거나 매우 중립적인 업무적 관계의 상대방을 대할 때는 어떤 의미일까? 당신이 선택할 수 있는 행동으로는 어떤 것이 있을까?

연습 2: 밑바닥부터 관계를 발전시키는 방법

올바른 질문을 던지고 자신에 대해 올바른 정보를 드러내는 법을 배우는 것은 관계 맺기의 열쇠다. 동료 두 명과 이 연습을 해보라. 시간은 약 20분이 걸린다.

1단계

자신이 전혀 모르거나 업무적으로만 아는 동료를 두 명 선택한다.

2단계

다음 글을 출력해 두 사람에게 읽게 한다.

모든 것은 대화를 통해 이뤄집니다. 새로운 사람과 대화를 시작하고 그 대화에 **인간미를 불어넣고** 싶을 때 당신이 선택할 수 있는 방법은 어떤 것이 있을까요?

기본적인 방법은 평소보다 더 개인적인 질문을 던지거나 상대에 따라 자신의 더 개인적인 정보를 드러내면서 대화를 시작하는 것입니다. 대화가 진전되면 당신과 상대방은 이 방법을 자연스럽게 반복적으로 활용할 것입니다.

공식은 없지만, 당신이 선택하는 방법은 업무 상황에 대략적으로라도 적합해야 합니다(좋아하는 동물이나 음식을 서로 물어보는 것과 같은 일반적인 '분위기 메이킹'은 대부분 부적절합니다. 이에 반해 전에 어디서 일했는지와 같은 질문은 경우에 따라 매우 적절합니다).

다음은 질문을 던지는 방법에 대한 조언들이다.

- 초면에 물어도 (문화적으로) 실례가 되지 않는 질문으로 시작한다.
- 답을 알지 못하는 질문을 던진다.
- 삶의 이력 전체에 대해 질문하지 말고 어디서 자랐는지와 같은 사소한 것에서 시작한다.

- 이야기를 끌어낼 수 있는 질문을 던진다. "어떻게 여기서 일하게 됐나요? 사는 곳이나 일하는 곳은 어떤 점이 맘에 드세요?"
- 개인적이고 독특한 점들에 귀 기울인다.
- 관심을 보이되 문화적으로 적절하게 행동한다.
- 호기심이 이끄는 대로 새로운 질문의 경로를 따라간다.
- 상대방이 두루뭉술한 답을 내놓으면 구체적인 예를 들어달라고 청한다.

다음은 상대방에게 **자신을 열어 보이는** 몇 가지 방법이다.

- 자신의 개인적 정보를 들려주는 것으로 대화를 시작한다.
- 상대방이 흥미를 느끼고 귀 기울이는지 주시한다.
- 대화가 어떻게 흘러가는지에 따라 자신에 대해 더 많은 것을 드러낼지 질문 모드로 전환할지 판단한다.

대화를 주고받을 때마다 당신은 이해받고 인정받는다는 느낌이나 그러지 못한다는 느낌을 받을 것이다. 그러면 그 느낌을 이용해 다음 단계로 나아갈 수 있다. 관계를 맺는 것은 상호학습 과정이며 헛걸음, 어색한 분위기, 난감한 상황이 벌어질 수도 있다.

하지만 명심해야 할 것은 이런 종류의 학습에서는 실수가 불가피하고 대체로 무해하며 배울 점이 있다는 사실이다. 당신은 상대방이 하는 말에 반응하거나, 그 반응을 길잡이 삼아 관계를 더 깊은 단계로 발전시킬지 아닐지 판단할 수 있다. 현실에서는 이 모든 과정이 매우 빠르게 전개되며 자신의 반응과 느낌에 주목해 다음에 무슨 말이나 행동을 할지 길잡이로 삼을 수 있다.

3단계

두 사람이 비행기 옆자리에 앉아 말을 트기로 마음먹은 상황을 가상으로 연출한다. 10분간 대화를 나눈다.

4단계

이제 5분간 자신의 대화를 분석한다.

무엇이 효과가 있었는지, 무엇이 효과가 없었는지, 다음에는 어떻게 하면 좋을지 '공정 분석process analysis'을 실시한다.

5단계

4단계의 공정 분석을 앞으로의 모든 배움 연습에 적용할 계획을 세운다. 자신이 어떻게 했는지 돌아보면 중요한 뉘앙스를 간

파해 더 나아질 새로운 방법을 찾아낼 수 있다. 앞의 예에서는 초면인 사람과 대화를 나눌 때 어떻게 말문을 트거나 응대하면 좋을지 배울 수 있다.

공정 분석에서는 배우는 법을 배울 수 있다. 집단 연습에서 가장 중요한 소득은 배우는 법을 파트너와 함께 배우는 것이다. 이제 이 기술들을 종합해 직장에서 새로운 사람과 관계 맺기를 시도해보자!

업무관계에서 변화를 계획하고 구현하기

연습 3: 관계 지도에서 새로운 단계 만들어가기

1단계

관계 지도(그림 9.2 〈관계 단계를 지도로 그리기〉)를 다시 펼쳐 2단계 관계로 발전시키고 싶은 관계선을 찾는다.

2단계

그 사람과 만나는 자리를 마련하고 관계를 심화하기 위해 어떤 질문을 던지거나 스스로를 어떻게 드러낼지 계획을 세운다.

3단계

대화하는 동안 자신의 느낌을 조절하고 상대방의 반응을 면밀히 관찰한다.

4단계

이 경험을 이야기할 사람을 찾아 자신이 배운 교훈을 생각해볼 수 있도록 의견을 청한다.

이 연습은 관계를 맺고 유지하는 법을 신비로운 과정으로 여길 필요가 없음을 보여주기 위한 것이다. 우리가 인간미 불어넣기라고 부르는 것은 하루하루의 사회적 관계에서 늘 일어나지만 당신은 이런 관계 맺기가 직장생활과 어떤 관련이 있는지 생각해본 적이 없을 것이다. 일을 효과적으로 하는 것뿐만 아니라 즐기면서 하는 미래는 역할에 근거한 업무적 관계의 한계를 인식하고 (업무 영역에서 필요성이 점차 커질) 개방성과 신뢰를 구축하는 2단계 관계의 힘을 강조하는 것에 달려 있다.

집단 의사결정과 겸손한 리더십

새롭고 더 나은 일을 연습할 가장 중요한 기회는 당신이 회의의 구성원이거나 소집자일 때 또는 집단이 팀이 되려고 노력할 때 찾아온다.

집단 업무의 가장 중요한 측면 중 하나는 집단 의사결정이다. 다음은 집단이 의사결정하는 여러 방법과 장단점이다.

연습 4: 집단이 결정을 내리는 여러 방법

이 연습은 약 30분이 걸리며, 학습 효과를 극대화하려면 네 명 이상이 필요하다.

1단계

진행자는 다음 지침을 구두로 알려주거나 출력해 각 구성원에게 전달한다. 10분간 효과적인 겸손한 리더의 가장 중요한 특징

열 가지를 순서대로 나열한다.

2단계

10분 후 구성원들에게 이 과제를 수행하면서 어떤 의사결정 과정을 이용했는지 묻는다. 그들이 말하는 방법을 화이트보드에 적는다.

3단계

표 10.1(〈집단이 결정을 내리는 여덟 가지 방법〉)을 나눠주고 목록을 살펴보면서 참가자들에게 이 중에서 집단 의사결정 과정에 쓰인 방법이 있는지 묻는다.

집단의 결정 과정을 이해하는 것은 초면인 사람들을 팀으로 묶거나 다양한 상황에서 시간 압박을 받는 모임을 관리할 때 매우 중요하다.

겸손한 리더는 집단이 잘못된 방향으로 가고 있거나 바람직하지 못한 결과가 예상되는 결정을 내리려 할 때 적절한 상황적 겸손을 발휘해 이를 간파할 수 있어야 한다. 우리는 이런 상황을 잘못된 의사결정 과정의 **함정**이라고 부른다.

1. 묵살	아무도 제안에 반응하지 않아 집단이 아무 일도 하지 않는다. 제안은 '묵살'당했다.	
2. 자기승인	한 사람이 제안을 내놓았는데, 아무도 반대하지 않아 집단이 그 제안을 따른다.	
3. 소수 지배	한 사람이 제안을 내놓았고 동의하는 사람은 한둘뿐이지만 반대하는 사람이 하나도 없어 집단이 제안을 따른다.	
4. 토론과 표결	제안에 대해 표결하기 전에 일정 시간 토론할 것을 한 사람 이상이 주장한다. 집단은 정해진 시간 동안 토론한 뒤에 투표해 다수결로 결정한다.	
5. 표결	표결은 다양한 방법으로 진행할 수 있다(예: 거수, 비밀 투표).	
6. 여론조사	모든 구성원에게 사안에 대한 입장을 표명하고 설명해달라고 요청한다. 집단은 격식에 따라서든 자유로운 대화를 통해서든 모든 사람이 발언한 후에 다음 단계로 넘어간다.	
7. 토론과 표결	집단이 내릴 수 있는 결정 후보를 제시하고 구성원들에게 이렇게 묻는다. "우리가 이것으로 결정했을 때 동참할 수 없거나 이행을 지지할 수 없는 사람이 있습니까?" 반대하는 구성원이 한 명 이상이면 각 반대자가 이유를 설명한다. 그런 다음 집단이 새로운 의사결정 후보를 같은 방식으로 점검한다. 모두가 **개인적으로는 여전히 동의하지 않더라도** 결정을 지지하고 이행하는 데 동의하면 합의에 도달한 것이다. 표결은 필요하지 않다.	
8. 만장일치 동의	모두가 어떤 제안에든 동의하고 합의 점검이 만장일치로 승인됐음이 토론이나 여론조사에서 처음부터 확인되면 만장일치 동의가 이뤄진 것이다.	

표 10.1 집단이 결정을 내리는 여덟 가지 방법

예상치 못한 결과 또는 피해야 할 '함정'

- 침묵이 반드시 동의를 의미하는 것은 아니다. 때로는 반대의 표명이거나 중요하고 연관된 정보를 알려줄 의사가 없음을 나타내기도 한다(특히 의사결정 방법 1~4에서). 경우에 따라서는 침묵이 만장 **불일치** 때문일 수도 있는데, 그러면 아무도 원하지 않은 결정이 내려지기도 한다.

- 심리적 안전감이 없는 상태에서 결정이 내려지면 의사결정 방법 1~4를 신뢰할 수 없으며 나머지 방법에서도 결과의 정당성이 훼손된다. 구성원들이 중요한 정보나 반대 의사를 표명하지 않는 것은 두렵거나 혹은 다수(또는 자신이 존경하는 사람)의 뜻을 따르기로 마음먹었기 때문일 수도 있다.

- 지위 차이 때문에 하급자가 허심탄회하게 의견을 표명하지 못할 수 있다. 이럴 경우, 필요한 정보가 공유되지 않을 우려가 있다.

- 표결을 실시하면 소수파가 생기는데, 그러면 결정이 내려졌을 때 이행에 차질이 빚어질 수 있다. 이것은 향후 분쟁의 발단이 되기도 하며 이 때문에 팀 빌딩이 방해받거나 소집단이 떨어져나갈 수도 있다.

- 공개 투표는 모방 심리를 자극하고 집단 사고를 부추겨 (실제와 달리) 합의가 이뤄졌다는 착각을 불러일으킬 수 있다.

- 여론조사는 표결로 '반대 집단'이 생기기 기 **전에** 실시해 합의를 모색하고 잠재적 반대를 파악해야 한다. 합의 점검에서는 이렇게 질문해야 한다. "우리가 이렇게 결정하면 다들 따를 수 있겠습니까?" 반대나 의견 유보가 있으면 집단은 시간을 들여 반대 의견을 듣고, 반대하는 사람들에게 의견 표명의 시간을 주고, 결정을 수정하거나 반대자들에게 결정을 지지한다는 동의를 얻어내야 한다.
- 여론조사에서 새로운 결정이나 정보가 드러나면 합의 점검을 반복해 모두가 결정을 지지하고 이행하는 데 동의하도록 해야 한다.
- 의사결정을 내릴 때마다 여덟 가지 의사결정 방법을 고려해야 하며 집단은 의사결정 과정을 시작할 때 어떤 방법을 쓸지 합의해야 한다.

4단계

적어도 10분을 할애해 당신이 발견한 의사결정 함정을 검토하고, 당신이 관찰한 부정적 결과를 피하기 위해 집단이 무엇을 할 수 있었는지 논의한다. 이 토론에서는 회의 소집자나 최고위 인사뿐만 아니라 집단의 어느 구성원이든 겸손한 리더십을 구사할 수 있음을 강조해야 한다.

✅ 요약

"리더십은 단체 스포츠다." 집단의 행동을 눈여겨보고 개선하려면 2단계 관계를 맺어야 하며, 집단이 개개인보다 많이 알고 있음을 인식해야 한다. 겸손한 리더는 이 사실을 배우는 사람이다. 겸손한 리더는 상황 파악의 중요성을 인식하고 집단이 어떻게 행동하는지 이해하며 집단행동이 퇴보할 때 어떻게 올바른 질문(내용과 절차)을 던져 개입해야 하는지 알아야 한다.

집단 내부에 또한 집단과 집단 사이에 상호의존성이 있음을 받아들이고 활용하는 것은 전혀 잘못된 일이 아니다. 독립을 추구하다 고립에 이를 가능성이 있을 때는 더욱 그렇다. 결국은 개방적이고 신뢰하는 관계에서 시너지를 만드는 집단이 우수한 결과를 얻을 가능성이 더 크다.

감사의 말

이 책은 역사가 길다. 에드가 이 책을 쓰게 된 계기는 1956년 첫 직장인 MIT에서 멘토이자 상사 더글러스(더그) 맥그레거에게 배운 것들로 거슬러 올라간다. 에드는 더그의 고전적 지침서 《기업의 인간적 측면》과 그의 리더로서의 행동을 통해 겸손한 리더십의 본질을 배웠다.

우리는 학자로서 연구하는 내내 겸손한 리더를 많이 알게 됐다. 에드는 디지털이퀴프먼트코퍼레이션의 켄 올슨, 시바가이기의 샘 코이클린, 콘 에디슨의 진 맥그래스, 핵발전운전협회의 제임스 엘리스, 버지니아 메이슨 의료법인의 게리 캐플런 등을 고객으로 뒀다. 피터는 퍼시픽벨의 테드 웨스트, 애플의 제임스 아이작스와 크리스 브라이언트, SGI의 얀 타일러 보크, 선마이크로시스템스의 조너선 슈워츠 등 영향력 있는 리더와 함께했다.

에드의 동료 로테 베일린, 존 밴 매넌, 밥 매커시, 오토 샤머, 고故 워런 베니스는 인간미 불어넣기의 본보기였다. 에드는 교사와 동료로서 그들이 보여준 겸손과 호기심을 본받고 배웠다. 동료와 고객과의 관계에 인간미를 불어넣는 데 천재적인 솜씨를 발휘한 고故 리처드 베커드에게서는 복잡한 상황에서 겸손한 리더가 되는 법을 배웠다.

과거와 현재에 영향을 미친 조직개발 분야의 여러 동료로는 마이클 브림, 워너 버크, 저버스 부시, 존 크롱카이트, 티나 도어퍼, 데이비드 제이미슨, 밥 마샤크, 필립 믹스, 피터 소런슨, 아일린 와서먼, 테레즈 예거가 있다. 동료이자 도발적 사상가인 휴먼시너지스틱스의 롭 쿡과 린엔터프라이즈연구소의 존 슈크에게도 감사 인사를 전한다. 또한 데이비드 브래드퍼드는 이 개념들을 놓고 에드와 격렬한 점심 식탁 토론을 벌였으며, 우리의 철학자 친구 노엄 촘스키는 개인주의과 집단에 대해 명료하게 생각하도록 우리를 몰아붙였다. 에이미 에드먼드슨과 조디 기텔은 '관계의 단계'의 의미를 탐구하는 데 도움을 줬으며 에이미는 여전히 가까운 동료로서 이 개념들을 앞으로의 상황에 맞게 발전시키고 있다.

피터의 관점에 깊은 영향을 준 사람으로는 USC 마셜경영대학원 '인적 자본 및 효과적 조직 과정'의 교수진, 특히 크리스 월리, 에드 롤러, 수 모먼, 존 부드로, 알렉 레븐슨, 소런 캐플런이 있다.

지난 여러 해 동안 조직문화리더십연구소(OCLI.org)와의 공동 작업을 통해 우리는 조직의 효과, 수준, 개선이라는 과제를 맞닥뜨린 고객과 동료들로부터 많은 것을 배웠다. 그중 상당수는 질문을 통해, 《리더의 질문법》과 《겸손한 컨설팅Humble Consulting》에 대한 언급을 통해, 그리고 격려를 통해 이 프로젝트에 직접적인 영향을 미쳤다. 무엇보다 스탠퍼드 의과대학교의 여러 동료 캐런 프러시, 레인 도널리, 데이비드 라슨, 테리 플랫체크, 리사 프리먼, 벤 엘킨스, 데니즈 베넷, 댄 머피, 조넬 루커스, 제임스 히어퍼드에게 감사하다. 문화의 중요성을 알려준 BMHCC의 스키프 스튜어드와 그의 홍보 대사들, 팀 커플러, 스티브 와시크에게도 감사하다.

다년간 근사한 대화를 주고받은 애미커스의 메리 제인 코나츠키와 잭 실버신, 의료에 대한 워크숍을 함께 발전시킨 데이앤 롤린스와 토니 서크먼, UNH의 마처리 고드프리, 제프 리처드슨, 린 웨어, 킴벌리 위플링에게 감사를 전한다. 에드는 얼라이언트 국제대학교의 절친한 동료 조 산즈기리, 파트너 줄리 베르투첼리, 조의 제자 마니샤 바자지에게서도 많은 것을 배웠다.

이 개념들을 함께 연구한 외국 동료로는 영국 NTL 네트워크의 필립 믹스, 싱가포르의 릴리 쳉과 피터 쳉, 특히 지난 20년간 우리 연구를 일본에 소개하는 과정에서 가까운 동료가 된 오가와 요이치가 있다.

또한 우리는 조직설계포럼에서 이 개념들을 검증할 기회를 가졌으며 그곳에서 메리 윈비, 스투 윈비, 클로디아 머피와 긴밀히 협력했다. 마찬가지로 미래연구소의 밥 조핸슨에게도 감사를 표한다. 그는 미래에 대해 생각하는 법을 조언해줬으며 우리의 개념들을 자신의 동료와 함께 토론할 기회를 제공했다.

다른 책과 마찬가지로 우리의 편집자이자 발행인 스티브 피에르산티에게 빚진 바가 크다. 그와 지반 시바수브라마니암의 안내가 없었다면 이 책을 쓸 수 없었을 것이다.

마지막으로 가장 가까운 가족 루이자 샤인, 리즈 크렝겔, 특히 제이미 샤인, 그리고 에드의 손주에게 감사하다. 그들은 미래 세대에 경험하고 만들어갈 겸손한 리더십의 미래 의미에 대한 우리의 생각을 듣고, 반응하고, 질문하고, 향상시켰다.

옮긴이 노승영

서울대학교 영문과를 졸업하고 서울대학교 대학원 인지과학 협동과정을 수료했다. 컴퓨터 회사에서 번역 프로그램을 만들었고 환경 단체에서 일했다. '내가 깨끗해질수록 세상이 더러워진다'고 생각한다.
옮긴 책으로는 《향모를 땋으며》, 《나무 내음을 맡는 열세 가지 방법》, 《야생을 치유하는 소리》, 《지구의 마지막 숲을 걷다》, 《흙을 살리는 자연의 위대한 생명들》, 《시간과 물에 대하여》, 《나무의 노래》, 《새의 감각》, 《숲에서 우주를 보다》, 《리더의 질문법》 등이 있다. 2024년 제65회 한국출판문화상 번역상을 수상했다.

리더의 덕목

첫판 1쇄 펴낸날 2025년 5월 7일

지은이 에드거 샤인, 피터 샤인
옮긴이 노승영
발행인 조한나
책임편집 문해림
편집기획 김교석 김유진 박혜인 함초원 조정현
디자인 한승연 성윤정
마케팅 문창운 백윤진 김민영
회계 양여진 김주연

펴낸곳 (주)도서출판 푸른숲
출판등록 2003년 12월 17일 제2003-000032호
주소 서울특별시 마포구 토정로 35-1 2층, 우편번호 04083
전화 02)6392-7871, 2(마케팅부), 02)6392-7873(편집부)
팩스 02)6392-7875
홈페이지 www.prunsoop.co.kr
페이스북 www.facebook.com/prunsoop   **인스타그램** @prunsoop

ⓒ푸른숲, 2025
ISBN 979-11-7254-047-0 (03320)

* 이 책은 저작권법에 의해 한국 내에서 보호를 받는 저작물이므로 무단 전재와 복제를 금합니다. 이 책 내용의 전부 또는 일부를 사용하려면 반드시 저작권자와 (주)도서출판 푸른숲의 동의를 받아야 합니다.
* 잘못된 책은 구입하신 서점에서 바꾸어 드립니다.
* 본서의 반품 기한은 2030년 5월 31일까지입니다.